Better Reading
FRENCH

Second Edition

Annie Heminway

New York   Chicago   San Francisco   Lisbon   London   Madrid   Mexico City
Milan   New Delhi   San Juan   Seoul   Singapore   Sydney   Toronto

*The **McGraw·Hill** Companies*

Copyright © 2012 by The McGraw-Hill Companies, Inc. All rights reserved. Printed
in the United States of America. Except as permitted under the United States Copyright
Act of 1976, no part of this publication may be reproduced or distributed in any form
or by any means, or stored in a database or retrieval system, without the prior written
permission of the publisher.

1 2 3 4 5 6 7 8 9 10 11 12 13 14 15   QFR/QFR   1 9 8 7 6 5 4 3 2 1

ISBN   978-0-07-177029-3
MHID   0-07-177029-1

e-ISBN   978-0-07-177030-9
e-MHID   0-07-177030-5

Library of Congress Control Number 2011928617

Interior design by Village Bookworks, Inc.

Special thanks to Katharine Branning, Soisick Gaonac'h, Brigitte Huard, Francine Klein,
Renata Luisi, Kathrin Perutz, and Thomas Steiner.

McGraw-Hill books are available at special quantity discounts to use as premiums and
sales promotions or for use in corporate training programs. To contact a representative,
please e-mail us at bulksales@mcgraw-hill.com.

Other titles in the Better Reading series:

Better Reading Spanish, second edition, Jean Yates
Better Reading Italian, second edition, Daniela Gobetti
Better Reading English, Jenni Currie Santamaria

Contents

Écris-moi

Nourris-moi

Chante, chante

Promène-moi

Emmène-moi au bout du monde

Fais-moi explorer

Explique-moi tous les symboles

Fais-moi découvrir la littérature contemporaine

Preface

Better Reading French has been developed for English speakers who have a basic to intermediate knowledge of French and is designed to help them read French better and to encourage them to read more.

To read better, we must read more. As an encouragement for beginning readers, I have organized this book according to nine areas of interest: love, writing, cuisine, music, museums and gardens, science and technology, symbols of France and Europe, and contemporary literature. At least one of these areas should interest the reader immediately, and after that subject is explored, interest in another will follow.

The selections include material that has appeared in magazines and books, as well as on the Internet. In addition to recipes, essays, poems, book excerpts, and songs, there are original articles appearing in print for the first time. Some of the online selections have been abridged and edited for accuracy. Selections not otherwise credited were compiled, adapted, or created by the author. While each section's material relates to a topic in French culture, the section as a whole is not intended to be an overview or summary of the topic. Instead, the selections have been chosen for their broad appeal, their variety, and their likelihood to inspire readers to explore new horizons and to feel confident as they encounter the written word in French in its myriad forms.

Each section begins with the selections that are easiest to read, although none of the material has been simplified. The selections become progressively more difficult within each section. Almost all reading selections are followed by one or more exercises designed to help readers develop skills in understanding what they are reading. The overall goal is to help readers develop reading strategies that will help them understand and benefit from future reading material. If we can read better, we will read more.

How to use this book

One of the joys of reading is that you can read what you want, when you want, however you want.

The format of *Better Reading French* enables you to use, and benefit from, the book in different ways. One approach is to select a topic that interests you, read each of the selections in order, writing the exercises after each one, until you have completed the final selection. If you are really interested in this topic, you will probably be able to read the most difficult selections—because you want to and because you have been developing important reading skills that make the material easier to read. Then you may choose another topic that interests you.

A second approach is to read the first, easiest selection in each section, writing the exercises as you go, then progress to the second selection of each section, and so on until you have completed the most difficult selections in the book.

In your approach to an individual selection, first read it in its entirety, then proceed with the exercises, which are designed to help you read without the aid of a dictionary. The exercises encourage development of the following skills.

- *Skimming for general meaning:* reading the entire selection quickly to determine its general purpose and content
- *Scanning for details:* noting headings, references, and other guides to quick information
- *Using word formation to determine meaning:* knowing how prefixes, suffixes, verb endings, and grammatical forms indicate meaning
- *Using cognates to determine meaning:* comparing French words with related words in English
- *Using context to determine meaning:* making educated guesses about the meaning of unfamiliar words by determining their role in the context of a sentence, paragraph, or entire selection
- *Learning idioms and other expressions:* recognizing and learning the meaning of forms that cannot be translated literally
- *Understanding artistic expression:* recognizing literary devices that authors use
- *Rereading for comprehension:* reading an entire selection again to gain greater understanding

Embrasse-moi

Les petits mots d'amour

First, let us look at brief messages.

L'expression d'un sentiment

One common way to measure your love for someone is to *effeuiller la marguerite*—to take a daisy and remove one petal at a time . . .

Je t'aime... un peu.
    beaucoup.
    passionnément.
    à la folie.
    pas du tout.

Messages d'amour

Messages on greeting cards for *la Saint-Valentin* can be short or long.

Je t'aimerai toujours.

Jamais je ne t'oublierai.

Je pense souvent à toi.

Je t'aime à la folie.

Tu me manques.

Je m'ennuie de toi.

Depuis que je te connais, mon cœur s'émerveille sans cesse. Je t'aime... pour ton sourire qui me réconforte, pour ta main sur mon épaule, pour tes attentions si touchantes, pour ta présence si réconfortante. Je t'aime parce que tu es toi, tout simplement.

Proverbes et dictons

Love has an important place in proverbs and maxims.

On revient toujours à ses premières amours.

L'amour est aveugle.

L'amour ne connaît pas de loi.

Ils vivent d'amour et d'eau fraîche.

Qui m'aime aime mon chien.

EXERCICE

ADVERBS

The French language is capable of expressing a wide range of nuances. To indicate these, you will often use adverbs.

Adverbs are generally formed by adding the suffix *-ment* to the feminine form of the adjective.

lent (lente)	slow	*lentement*	slowly
doux (douce)	sweet	*doucement*	sweetly

For almost all adjectives that end in *-ant* and *-ent*, the ending is replaced by *-amment* and *-emment*, respectively.

constant	constant	*constamment*	constantly
patient	patient	*patiemment*	patiently

Some adverbs express intensity and degree.

peu	little	*si*	so
à peine	barely	*tellement*	so much
presque	almost	*beaucoup*	much
assez	enough	*trop*	too much

Other adverbs express frequency.

toujours	always
souvent	often
rarement	rarely
jamais	never

A Write the adverb corresponding to these adjectives.

1 *faux* _____

2 *actif* _____

3 *rapide* _____

4 *difficile* _____

5 *courant* _____

6 *technologique* _____

7 *scrupuleux* _____

8 *efficace* _____

9 *intelligent* _____

10 *fou* _____

L'horoscope

The signs of the zodiac are believed by some to guide us in affairs of the heart, to represent our personalities, and to determine our actions and destinies. *Quel est votre signe ?*

Bélier
21 mars–19 avril

Taureau
20 avril–20 mai

Gémeaux
21 mai–21 juin

Cancer
22 juin–22 juillet

Lion
23 juillet–22 août

Vierge
23 août–22 septembre

Balance
23 septembre–23 octobre

Scorpion
24 octobre–22 novembre

Sagittaire
23 novembre–21 décembre

Capricorne
22 décembre–19 janvier

Verseau
20 janvier–18 février

Poissons
19 février–20 mars

Un homme Balance

À quel genre d'homme avez-vous affaire ? Voici le profil d'un homme Balance.

Fidèle à votre signe, vous mettez au premier plan, parmi les agréments que vous recherchez dans l'existence, les satisfactions de l'amour. En bref, vous êtes un grand amoureux. Votre vie est fondée sur les émotions. Rien n'est plus intolérable que la solitude. Lorsque vous aimez, vous cherchez véritablement à comprendre l'autre ; mais vous comptez aussi beaucoup sur elle pour vous assister et vous soutenir.

Si vous pouviez penser qu'elle vous néglige, qu'elle ne cherche plus à créer le climat tendre et voluptueux que vous adorez, si elle éclatait en reproches, alors vous risqueriez fort de succomber à une autre personne, entreprenant de démontrer à celle-ci combien votre charme est irrésistible.

EXERCICE

B Answer the following questions.

1 Is the life of *l'homme Balance* based on reason or emotion? _____

2 Is he a man of great modesty? _____

3 Is he ruled by love? _____

4 Is he always faithful? _____

5 Do you think he would enjoy candlelight dinners? _____

Une femme Capricorne

Voici l'horoscope de cette semaine pour la femme Capricorne.

Amour : Début de semaine difficile. Soyez patiente. Attendez avant de prendre des décisions hâtives. Ne révélez aucun secret à personne. Restez de bonne humeur, la passion sera au rendez-vous.

Travail : Inutile de vous agiter. Faites une pause et réfléchissez à votre avenir. Cessez de vous disputer avec votre patron et envisagez d'autres horizons.

Santé : Légère fatigue, ce qui est normal à cette saison. Faites du sport et prenez rendez-vous chez le dentiste.

EXERCICE

C Answer the following questions.

1 Does *la femme Capricorne* have a back problem?

_____

2 Should she consider another job? _____

3 Is she quiet and shy? _____

4 Will her love life improve? _____

5 Why is she tired? _____

L'horoscope chinois

Et si les prédictions de votre avenir ne vous plaisent guère, découvrez votre signe astrologique chinois. Voici les différents animaux de l'horoscope chinois.

Rat
Buffle
Tigre
Lapin
Dragon
Serpent
Cheval
Bouc
Singe
Coq
Chien
Cochon

Pour en savoir davantage et découvrir l'animal qui correspond à l'année de votre naissance, consultez le site Web http://fr.astrology.yahoo.com/chi nois.

EXERCICE

POSSESSIVE ADJECTIVES

The possessive adjective in French takes its basic form from the possessor; it takes its gender and number from the noun it modifies.

	SINGULAR NOUN MASCULINE	FEMININE	PLURAL NOUN MASCULINE/FEMININE
my	*mon dossier*	*ma lettre*	*mes dossiers/lettres*
your	*ton dossier*	*ta lettre*	*tes dossiers/lettres*
his/her/its	*son dossier*	*sa lettre*	*ses dossiers/lettres*
our	*notre dossier*	*notre lettre*	*nos dossiers/lettres*
your	*votre dossier*	*votre lettre*	*vos dossiers/lettres*
their	*leur dossier*	*leur lettre*	*leurs dossiers/lettres*

C'est le dossier de Pierre. *C'est son dossier.*
C'est le dossier de Claire. *C'est son dossier.*
C'est la lettre de Pierre. *C'est sa lettre.*
C'est la lettre de Claire. *C'est sa lettre.*

D Complete the following sentences with the correct possessive adjective.

1 *Elle a une belle maison. Elle aime* _____ *maison.*

2 *Ils ont une grosse voiture. Ils conduisent* _____ *grosse voiture.*

3 *Tu as un chien. Tu emmènes* _____ *chien en vacances.*

4 *Elle a des amis en France. Elle va voir _____ amis.*

5 *Nous possédons une villa. Nous aimons _____ villa.*

6 *J'ai acheté une nouvelle veste. J'aime _____ veste.*

7 *Il a une amie finlandaise. J'ai rencontré _____ amie.*

8 *Tu as pris de belles photos. J'admire _____ photos.*

9 *Vous avez des fleurs dans votre jardin. Vous arrosez _____ fleurs.*

10 *Tu as trois chats. Tu adores _____ chats.*

Les petites annonces classées

The following questionnaire may help you identify your ideal partner.

Mon partenaire idéal

Je suis
☐ un homme
☐ une femme

Je cherche
☐ un homme
☐ une femme

Dans la région
☐ aucune préférence
☐ Normandie
☐ Bretagne
☐ Auvergne
☐ Landes
☐ Vosges
☐ Provence

Âge
☐ de 18 à 25 ans
☐ de 26 à 35 ans
☐ de 36 à 45 ans
☐ de 46 à 60 ans
☐ 61 ans et plus

Situation familiale
☐ aucune préférence
☐ célibataire
☐ marié(e)
☐ divorcé(e)
☐ veuf, veuve

Style
☐ branché
☐ classique
☐ naturel
☐ original
☐ sportif

Fumeur
- [ ] aucune préférence
- [ ] non
- [ ] oui
- [ ] occasionnellement

Signe du zodiaque
- [ ] Bélier
- [ ] Taureau
- [ ] Gémeaux
- [ ] Cancer
- [ ] Lion
- [ ] Vierge
- [ ] Balance
- [ ] Scorpion
- [ ] Sagittaire
- [ ] Capricorne
- [ ] Verseau
- [ ] Poissons

EXERCICES

E Write your ideal partner's profile using the information in the questionnaire above.

> EXAMPLE *ch. F. (36–45), classique, non-fumeur, aucune préf. astro.*

_____

_____

F If you are looking for your soul sister in the classifieds, you may have to guess at some of the abbreviations. Write out the texts of the classified ads below in French.

1 *31 a. grand, mince ch. F. cult. (25–30)*
pr sorties, vac. et rel. durables.
Écrire journal

_____

_____

2 *38 a. passion mont. mus. ch. H. (35–45) sport.*
ingé. de préf. pr mariage. Photo.
Écrire journal

_____

_____

L'amour éternel

The stage actress Juliette Drouet (1806–1883) wrote thousands of letters to her lover, Victor Hugo. She waited all her life for him to leave his wife and children, but in vain.

Les Metz, 17 septembre, 1835

Cette journée trempée de pluie est une des plus belles et des plus heureuses de ma vie. S'il y avait des arcs-en-ciel dans le paysage, il y en avait aussi dans nos cœurs qui correspondaient de notre âme à notre âme comme d'un bassin à l'autre.

Je te remercie pour les belles choses que tu me fais admirer et que je ne verrais pas sans toi et sans le secours de ta belle petite main blanche sur mon front.

Mais une chose plus belle et plus grande encore que toutes les beautés du ciel et de la terre et pour laquelle je n'ai besoin d'aucune aide pour voir et pour admirer, c'est toi, mon bien aimé, c'est ta personne que j'adore, c'est ton esprit que j'admire et qui m'éblouit.

Pourquoi ne suis-je pas poète? Je dirais tout ce que je pense et tout ce que je sens. Mais je ne suis qu'une pauvre femme qui aime et celle-là n'est pas celle qui se fait comprendre le mieux.

EXERCICES

G In her romantic enthusiasm, what four things does the author describe as *belle*?

1 _____

2 _____

3 _____

4 _____

Lettre de Juliette Drouet à Victor Hugo, le 17 septembre 1835. Texte recueilli par Marcel Brion aux Éditions Robert Laffont.

ADJECTIVE FORMS

To make an adjective feminine, you usually add *-e* to the masculine form.

grand   *grande*
petit   *petite*
profond   *profonde*

However, some adjectives have irregular feminine forms.

beau   *belle*
gentil   *gentille*
heureux   *heureuse*
vieux   *vieille*
nouveau   *nouvelle*

Most French adjectives follow the noun they modify.

une étudiante anglaise   an English student
un film merveilleux   a wonderful movie

A few French adjectives precede the nouns they modify.

un petit hôtel   a small hotel
un bon repas   a good meal

Some adjectives have a different meaning depending on whether they are placed before or after the noun.

une femme pauvre   a poor woman
une pauvre femme   a miserable woman

un meuble ancien   a piece of antique furniture
un ancien collègue   a former colleague

un homme grand   a tall man
un grand homme   a great man

H Rewrite the following noun phrases using the feminine form.

1   *un homme grand*   _____

2   *un garçon amusant*   _____

3   *un collègue intelligent*   _____

4   *un directeur gentil*   _____

5   *un acteur brillant*   _____

6   *un vieux chanteur*   _____

7   *un ancien patron*   _____

8   *un étudiant sérieux*   _____

9   *un fils ingrat*   _____

10   *un rédacteur méticuleux*   _____

La vie romantique

Le Musée de la vie romantique, situé au 16 rue Chaptal dans le neuvième arron-dissement à Paris, était autrefois la maison du peintre Ary Sheffer, foyer d'inspira-tion et cénacle romantique. L'écrivain George Sand (pseudonyme d'Amandine-Aurore-Lucille Dupin) y vivra de nombreuses années avec son amant Frédéric Chopin.

Aujourd'hui, le musée abrite les souvenirs de George Sand, de nombreux ob-jets ayant appartenu à cette femme hors du commun. Voici une des nombreuses lettres échangées entre George Sand (1804–1876) et le poète Alfred de Musset (1810–1857).

Paris, début de janvier 1835

Six heures.

Pourquoi nous sommes-nous quittés si tristes ? nous verrons-nous ce soir ? pouvons-nous être heureux ? pouvons-nous nous aimer ? tu as dit que oui, et j'essaye de le croire. Mais il me semble qu'il n'y a pas de suite dans tes idées, et qu'à la moindre souffrance, tu t'indignes contre moi, comme contre un joug. Hélas ! mon enfant ! Nous nous aimons, voilà la seule chose sûre qu'il y ait entre nous. Le temps et l'absence ne nous ont pas empêchés et ne nous empêcheront pas de nous aimer. Mais notre vie est-elle possible ensemble ? La mienne est-elle possible avec quel-qu'un ? Cela m'effraie. Je suis triste et consternée par instants, tu me fais espérer et désespérer à chaque instant. Que ferai-je ? Veux-tu que je parte ? Veux-tu essayer encore de m'oublier ? [...]

EXERCICES

I Find all the adjectives in Sand's letter to Musset and write them below.

—————————————

—————————————

—————————————

—————————————

—————————————

—————————————

—————————————

Lettre de George Sand à Alfred Musset, *Le roman de Venise,* Actes Sud.

PREFIXES

The prefix added to a verb qualifies or alters the meaning of the verb. For example, the prefix *dé(s)* denotes an opposite meaning.

espérer	to hope	*désespérer*	to despair
faire	to do	*défaire*	to undo
monter	to put up	*démonter*	to take down
croître	to grow	*décroître*	to decrease
connecter	to connect	*déconnecter*	to disconnect

J The verbs in the following sentences are in the *passé composé*. Replace the past participle with one that conveys the opposite meaning, then give the English meaning of both past participles.

EXAMPLE *Elle a cacheté la lettre.*   <u>sealed</u>

Elle a <u>décacheté</u> *la lettre.*   <u>unsealed</u>

ENGLISH MEANING

1 *Il a congelé le poulet.*   _____

Il a _____ *le poulet.*   _____

2 *Elle a cousu les boutons.*   _____

Elle a _____ *les boutons.*   _____

3 *Il a bouché la bouteille.*   _____

Il a _____ *la bouteille.*   _____

4 *Elle a vissé le robinet.*   _____

Elle a _____ *le robinet.*   _____

5 *Il a chargé la voiture.*   _____

Il a _____ *la voiture.*   _____

6 *Elle a maquillé l'actrice.*   _____

Elle a _____ *l'actrice.*   _____

7 *Il a froissé sa veste.*   _____

Il a _____ *sa veste.*   _____

8 *Il a serré la boucle.*   _____

Il a _____ *la boucle.*   _____

9 *Elle a structuré le texte.*   _____

Elle a _____ *le texte.*   _____

K Write the verb in the following sentences in the negative.

> EXAMPLE *Elle a cacheté la lettre.*
>
> *Elle* __n'a pas cacheté__ *la lettre.*

1 *Il a congelé le poulet.*

Il _____ *le poulet.*

2 *Elle a cousu les boutons.*

Elle _____ *les boutons.*

3 *Il a bouché la bouteille.*

Il _____ *la bouteille.*

4 *Elle a vissé le robinet.*

Elle _____ *le robinet.*

5 *Il a chargé la voiture.*

Il _____ *la voiture.*

6 *Elle a maquillé l'actrice.*

Elle _____ *l'actrice.*

7 *Il a froissé sa veste.*

Il _____ *sa veste.*

8 *Il a serré la boucle.*

Il _____ *la boucle.*

9 *Elle a structuré le texte.*

Elle _____ *le texte.*

L'amour au théâtre

Molière (1622–1673) was a French playwright and actor. Born Jean-Baptiste Poquelin, he was the son of a Parisian merchant who was also the king's upholsterer. The creator of French classical comedy, Molière used his genius to expose the hypocrisies and follies of his society through satire. The following selection is an excerpt from a play written in 1670.

Le bourgeois gentilhomme

Acte II, scène 4.

MONSIEUR JOURDAIN. —Par ma foi! il y a plus de quarante ans que je dis de la prose, sans que j'en susse rien; et je vous suis le plus obligé du monde, de m'avoir appris cela. Je voudrais donc lui mettre dans un billet : *Belle Marquise, vos beaux yeux me font mourir d'amour*; mais je voudrais que cela fût mis d'une manière galante; que cela fût tourné gentiment.

MAÎTRE DE PHILOSOPHIE. —Mettre que les feux de ses yeux réduisent votre cœur en cendres; que vous souffrez nuit et jour pour elle les violences d'un...

MONSIEUR JOURDAIN. —Non, non, non, je ne veux point tout cela; je ne veux que ce que je vous ai dit : *Belle Marquise, vos beaux yeux me font mourir d'amour.*

MAÎTRE DE PHILOSOPHIE. —Il faut bien étendre un peu la chose.

MONSIEUR JOURDAIN. —Non, vous dis-je, je ne veux que ces seules paroles-là dans le billet; mais tournées à la mode, bien arrangées comme il faut. Je vous prie de me dire un peu, pour voir, les diverses manières dont on peut les mettre.

MAÎTRE DE PHILOSOPHIE. —On les peut mettre premièrement comme vous avez dit : *Belle Marquise, vos beaux yeux me font mourir d'amour.* Ou bien : *D'amour mourir me font, belle Marquise, vos beaux yeux.* Ou bien : *Vos yeux beaux d'amour me font, belle Marquise, mourir.* Ou bien : *Mourir vos beaux yeux, belle Marquise, d'amour me font.* Ou bien : *Me font vos yeux beaux mourir, belle Marquise, d'amour.*

MONSIEUR JOURDAIN. —Mais de toutes ces façons-là, laquelle est la meilleure?

MAÎTRE DE PHILOSOPHIE. —Celle que vous avez dite : *Belle Marquise, vos beaux yeux me font mourir d'amour.*

Molière, « Le bourgeois gentilhomme », *Œuvres complètes de Molière*, vol. 6. Paris : Société des Belles Lettres, 1949.

MONSIEUR JOURDAIN. —Cependant je n'ai point étudié, et j'ai fait cela tout du premier coup. Je vous remercie de tout mon cœur, et vous prie de venir demain de bonne heure.

MAÎTRE DE PHILOSOPHIE. —Je n'y manquerai pas.

EXERCICE

L Answer the following questions.

1 With whom is Monsieur Jourdain in love? _____

2 Does he want to express his love to her in person?

_____

3 Did Monsieur Jourdain ever go to school? _____

4 Will the Philosophy Master's visit be his only one?

_____

5 Is he at all impressed with his student? _____

L'amour et les chats

Like many writers, François-Auguste-René Chateaubriand (1768–1848) loved cats. Cats no longer chew pencils or lie on manuscripts, but they do love computer keyboards. Chateaubriand thought that cats were the artist's perfect companion.

... J'aime dans le chat ce caractère indépendant et presque ingrat qui le fait ne s'attacher à personne ; et cette indifférence avec laquelle il passe des salons à ses gouttières natales ; on le caresse, il fait gros dos, mais c'est un plaisir physique qu'il éprouve, et non, comme le chien, une niaise satisfaction d'aimer et d'être fidèle à son maître, qui le remercie à coup de pied. Buffon a maltraité le chat ; je travaille à sa réhabilitation, et j'espère en faire un animal à la mode du temps...

EXERCICE

THE PREFIX MAL-

Buffon a maltraité le chat. The prefix mal- gives a negative connotation to nouns and adjectives and to a few verbs.

traiter	to treat	maltraiter	to mistreat
chance	luck	malchance	bad luck
habile	skillful	malhabile	clumsy
heureux	happy	malheureux	unhappy
sain	healthy	malsain	unhealthy
propre	clean	malpropre	dirty, unsavory
odorant	sweet-smelling	malodorant	foul-smelling
honnête	honest	malhonnête	dishonest

__M__ Translate the following sentences into French.

1   He had an unhappy life.

_____

2   Their bad luck is notorious.

_____

3   Her diet is unhealthy.

_____

Chateaubriand, texte inédit.

4 There is a terrible smell in the room.

_____

5 He is a dishonest man.

_____

L'amour et le chocolat

Long before the Spanish Conquest of 1519, the Aztecs of Mexico had discovered the wonders of chocolate. In fact, as the following selection indicates, the history of chocolate and our love affair with it are ancient. Not only is chocolate used as a symbol and expression of love, it is considered an aphrodisiac.

La découverte du chocolat, boisson des dieux

À l'époque des Aztèques, le cacao était une boisson amère et épicée. Les Aztèques consommaient le chocolat bien avant tout le monde sous la forme d'une boisson amère à base de graines de cacao grillées et d'épices. Rien à voir avec le chocolat que nous connaissons actuellement, à tel point que les conquistadores la trouvaient imbuvable.

Malgré tout, chez les Aztèques cette boisson sacrée était tellement appréciée que seuls les gens riches en consommaient. Les graines de cacao étaient aussi utilisées comme monnaie par les autochtones. Aussi, les conquistadores ne virent initialement dans le cacao qu'un moyen d'échange pour obtenir de l'or.

Le chocolat à la conquête du vieux continent

Grâce à l'ajout de sucre de canne, le cacao devint une boisson très appréciée par la noblesse européenne. À cette époque, les médecins prescrivaient le chocolat pour soigner certaines maladies.

Le secret de fabrication du chocolat fut jalousement gardé par le milieu aristocratique espagnol. Malgré tout, le succès de cette boisson traversa les frontières d'Europe. Chaque pays allait l'apprécier et l'accommoder suivant son tempérament et ses affinités nationales.

Les vertus du chocolat

« Lorsqu'on l'a bu, on peut voyager toute une journée sans fatigue et sans avoir besoin de nourriture. » (Diaz del Castillo, compagnon de Cortes)

Énergétique

Les qualités nutritives et énergétiques du chocolat sont fort appréciées, déjà par les Espagnols au temps de la colonisation de l'Amérique mais aussi par les sportifs pendant l'effort. Ses constituants (magnésium, fer, lipides, glucides,...) font du chocolat un excellent reconstituant.

Marc Hendricks, texte extrait du site Web http://users.skynet.be/chocolat/fr.

Aphrodisiaque

Depuis le temps des Aztèques et des Mayas qui ont initié la consommation du cacao, le chocolat a toujours été considéré comme un excitant sexuel. L'Empereur aztèque Moctezuma lui-même en buvait «pour avoir accès aux femmes». Le théologien Fransiscus Rauch écrit en 1624: «Ce breuvage bu dans les couvents y enflamme les passions.»

Antidépresseur

Au seizième siècle, les dames de la noblesse espagnole en consommaient jusque dans les églises. Cela les aidaient-elles à supporter la longueur et la monotonie des offices? On sait aujourd'hui que le chocolat contient de la phényléthylamine qui aurait une action positive en cas de dépression nerveuse.

Le chocolat pour diabétique

Bonne nouvelle pour les diabétiques, il existe de l'excellent chocolat sans sucre!

Le sucre traditionnel—constituant important du goût du chocolat—est remplacé par le maltitol. Le maltitol est un sucre contenu dans l'orge germée qui présente une tolérance accrue pour l'estomac et les intestins. Il a surtout l'immense avantage d'être inoffensif pour les personnes diabétiques. (Consultez votre médecin pour de plus amples renseignements.)

EXERCICES

N *Vrai ou faux?* Determine if the following statements are true or false.

1 _____ Doctors have always been opposed to the consumption of chocolate.

2 _____ Athletes eat chocolate to improve their performance.

3 _____ People who tend to be depressed should eat chocolate.

4 _____ Chocolate was first discovered in India.

5 _____ Chocolate has been used for currency.

ADJECTIVES ENDING IN *-ABLE*

Cette boisson est buvable. = On peut la boire.
Cette boisson est imbuvable. = On ne peut pas la boire.

In most cases, the suffix *-able* indicates that it will be possible to carry out an action. It transforms the verb into a verbal adjective.

oublier	to forget	*oubliable*	likely to be forgotten
publier	to publish	*publiable*	publishable
manger	to eat	*mangeable*	edible

remplacer	to replace	*remplaçable*	replaceable
franchir	to overcome, get over	*franchissable*	surmountable, passable

O Transform the following verbs into adjectives ending in *-able*.

1 *intimider* _____

2 *casser* _____

3 *aborder* _____

4 *reconnaître* _____

5 *défendre* _____

6 *laver* _____

7 *respecter* _____

8 *croire* _____

9 *estimer* _____

10 *excuser* _____

P The following words have appeared in this section. Determine whether each is an adjective or an adverb and then give its English meaning.

	ADJECTIVE OR ADVERB	ENGLISH MEANING
1 *malheureux*	_____	_____
2 *toujours*	_____	_____
3 *passionnément*	_____	_____
4 *hâtive*	_____	_____
5 *ingrat*	_____	_____
6 *lentement*	_____	_____
7 *patient*	_____	_____
8 *beaucoup*	_____	_____
9 *presque*	_____	_____
10 *chaque*	_____	_____

L'adieu

Let us conclude this section on love with a farewell poem by Guillaume Apollinaire (pseudonym of Wilhelm Apollinaris de Kostrowitzki). Apollinaire (1880–1918) was a poet, novelist, dramatist, and art and literary critic. He became a leader of the avant-garde in Paris in the early twentieth century and is believed to have coined the term *surréalisme*.

L'adieu

J'ai cueilli ce brin de bruyère
L'automne est morte souviens-t'en
Nous ne nous verrons plus sur terre
Odeur du temps brin de bruyère
Et souviens-toi que je t'attends

Guillaume Apollinaire, « L'adieu », *Alcools*. Éditions Gallimard, 1956.

Écris-moi

Les notes

Autocollant

Commonly known as a Post-it® note or "sticky note," the *autocollant* is placed on a document or book page as a request or reminder to yourself or someone else. Such notes are usually written with verbs in the infinitive, like the instructions on medicine bottles or in technical manuals. If the verb is negative, the two parts of the negation stay together (*ne pas...*, *ne jamais...*, *ne rien...*, *ne plus...*, etc.).

Ne pas toucher à ces documents.

Envoyer ces documents par courrier express.

Vérifier l'ordre de ces documents.

Photocopier la pile de documents avant de l'envoyer.

Distribuer ces brochures à tous les employés.

Ne pas faire circuler ce dossier.

Contacter tous les clients de Lyon.

Téléphoner à la secrétaire de Mme Levalier.

Ne pas oublier de sauvegarder l'information sur Word.

EXERCICE

A Write *autocollants* for the following requests and reminders.

1 Ask someone to contact Mme Levalier's client.

_____

2 Tell someone not to open the confidential file.

_____

3 Ask someone to photocopy the American brochures.

_____

4 Remind yourself to check the documents before Friday.

_____

5 Tell someone not to send a brochure to all employees.

_____

Pense-bête

A *pense-bête* is a reminder you write to yourself or to members of your family, then stick on the refrigerator or a bulletin board. Again, since these are considered instructions, they are written with the verb in the infinitive.

Acheter au marché

I kilo de tomates
2 grosses aubergines
500 grammes de champignons
500 grammes de beurre
I gousse d'ail
3 oignons
I litre d'huile d'olive

Vendredi

timbres pour cartes postales
carte d'anniversaire pour grand-mère
banque
changer l'huile de la voiture
rapporter cassette vidéo
fleurs pour le dîner samedi
déposer veste au pressing

EXERCICE

B Draw up a short *pense-bête* (5 items) for your hike to the mountains.

EXAMPLE *contacter Denis pour l'heure du départ*

1 _____

2 _____

3 _____

4 _____

5 _____

Courriel

E-mail is quickly replacing formal letter writing. Many of the ordinary conventions of written letters (e.g., capital letters, accents, articles, and subject pronouns) are slowly disappearing in electronic mail writing. *Un message électronique* is also called *un courriel, un mail,* or *un e-mail.* The following selection is *un mail* sent by Jeanne to her friend Julie. Note the disregard for traditional style.

```
Salut Julie,

Un petit mot pour te souhaiter Bon Anniversaire!

Départ immédiat, direction: Angoulême. Jérôme veut
assister au Festival de la B.D.* Le truc à la mode.

Angoulême est la capitale européenne de la technologie
numérique.* Il veut travailler dans ce domaine donc on va
voir s'il peut trouver un petit boulot bénévole cet été.

Sandrine, pas très branchée B.D., n'est guère enchantée
par cette visite. À part Astérix ou les Peanuts, moi,
je ne connais pas grand-chose.

Pendant que Jérôme fera ses recherches avec son père,
Sandrine et moi, on ira se balader dans la ville et faire
des courses dans les magasins.

On dîne ensemble à notre retour?

Bon Anniversaire!

Jeanne
```

EXERCICE

C Answer the following questions.

1 What kind of festival will take place in Angoulême?

_____

2 Is Jérôme looking for a paying job? _____

3 What is the main reason that Jeanne sent this e-mail to Julie?

_____

4 What will Sandrine and Jeanne do in Angoulême?

_____

5 What are the only cartoons familiar to Jeanne? _____

---

*__B.D.__ *bande dessinée* comic strip   __numérique__ digital

Billet doux

Another short note is the *billet doux*, the sweet note you write to the object of your affection. In the first section, Molière's M. Jourdain wrote a rather dramatic note to his Marquise: «*Belle Marquise, vos beaux yeux me font mourir d'amour.*» Here are some other *billets doux*.

Retrouvez-moi ce soir à 19 heures devant l'Opéra Garnier.
Pierre L.

....

Attendez-moi devant la Brasserie Lipp. Je porterai une écharpe en soie blanche.
M.D.

....

Cet après-midi à 16 heures dans le cimetière du Père-Lachaise, près de la tombe de Proust. Je porterai des lunettes de soleil et un exemplaire de « À la recherche du temps perdu ».
JJ. L.

....

Je suis fou de B.D. et de toi... Rejoins-moi à Angoulême ce week-end.
Bertrand

....

Vous serez ma Marquise, ma Comtesse, ma Princesse...
Acceptez ces fleurs et toute ma dévotion.
Arnaud

....

Je suis amoureuse de vous mais je sais que notre amour sera impossible.
Anonyme

Rupture

Unfortunately, not all love stories have a happy ending, and the means of announcing a breakup is often brief and to the point.

Cher Marc,

Je croyais que notre relation durerait toujours mais je me suis trompée. En effet, les jours de bonheur et de complicité semblent à jamais révolus. Quelque chose a changé entre nous. C'est pourquoi il est préférable de nous séparer.

Sans t'en rendre compte, tu m'étouffes. J'ai besoin d'espace. J'ai besoin de respirer, de voyager, de voir du monde.

Je suis désolée, cependant, si je te fais de la peine. Je n'oublierai pas les bons moments passés ensemble. Je suis sûre, pourtant, que cette séparation est la meilleure chose pour nous deux.

Prends bien soin des canaris et des nains du jardin.

Amélie

EXERCICE

TRANSITIONS

 Transition words and phrases are used to connect two or more ideas in a sentence or between sentences. Some transition words and phrases are conjunctions.

ainsi que	as, as well as
alors que	while
car	for
cependant	yet, however
donc	so, therefore
et	and
mais	but
néanmoins	nonetheless
ni	nor
ni... ni	neither . . . nor
ou	or
ou... ou	either . . . or
pourquoi	because
si	if
soit... soit	either . . . or

Some transition words and phrases are adverbs.

ainsi	thus
alors	so, then
au contraire	on the contrary
au moins	at least
c'est pourquoi	that is why
cependant	meanwhile
en effet	indeed
en revanche	on the other hand
enfin	finally
ensuite	then
néanmoins	nonetheless
par conséquent	therefore, consequently
pourquoi	because
pourtant	however, though
puis	then

D Find the two transition conjunctions and the four transition adverbs in the *lettre de rupture* and write them below.

CONJUNCTIONS   ADVERBS

_____   _____

_____   _____

                           _____

                           _____

Carte postale

There are few things more enjoyable than receiving a postcard from a friend traveling in far-away places. In France, writing postcards is a longstanding tradition, with many people saving the postcards they receive for posterity. A postcard sent by someone's great-grandfather to his fiancée during World War I is considered a historical document. What do the French write about on their postcards? Weather, food, diet? The following selections provide examples.

Un petit mot de Tahiti. Le Paradis sur Terre. Je crois que je vais finir mes jours ici. Bises.
Julien

....

La région des lacs à bicyclette. Super. Mais pas facile de faire de la bicyclette en Angleterre. Ils roulent à gauche. La cuisine ? Sans commentaires.
La famille Renaud

....

On fait l'Égypte. Un peu chaud mais superbe. On a trouvé un petit hôtel près du Nil. On nous a dit que Flaubert avait dormi dans notre chambre.

Emma et Léon

....

Un petit souvenir de Provence. Quelle belle région ! Un peu trop de touristes et trop d'ail dans la cuisine mais je fais mon stock de soleil pour l'hiver.

Je vous embrasse.

Ingrid

....

On sillonne le Maroc. Un pays de rêve. Aujourd'hui, nous sommes à Ouarzazate dans une ancienne kasbah. Décor des mille et une nuits.

La princesse

EXERCICE

E   Try writing postcards yourself. You will find most of the expressions you need in the examples above.

1   Write a postcard to your boss, telling him/her that you love Paris and are having a great time away from work.

_____

_____

2   Write to a friend, telling him/her that you are on a cycling tour in Australia, where the wine is delicious.

_____

_____

3   Write to your mother, telling her you are in Morocco, eating couscous.

_____

_____

4   Write a postcard to your neighbor, who is cat-sitting for you, telling him/her that you are in England where it is cold and asking him/her to tell your cat, Minou, that you'll be home soon.

_____

_____

5   Write to Marc/Nathalie, telling him/her that you are still in love with him/her and you miss him/her.

_____

_____

Invitation au mariage

M. et Mme Bellanger
sont heureux de vous annoncer
le mariage de leur fille Caroline
avec Bertrand Cheng
le quatorze février 2012
à seize heures trente
en l'église Saint-Sulpice, Paris

Comment répondre ?

Accepter l'invitation

Le faire-part que nous venons de recevoir nous comble de joie. Nous sommes ravis que Caroline épouse ce charmant jeune homme.

Nous serons heureux de pouvoir nous joindre à vous en cette heureuse occasion.

Dans cette attente, nous vous prions de transmettre aux futurs mariés nos sincères félicitations et nos meilleurs vœux de bonheur.

Jacques et Marguerite

P.S. Merci de nous faire savoir dans quel magasin a été déposée la liste de mariage.

Décliner l'invitation

Nous sommes ravis d'apprendre cette bonne nouvelle. Hélas, nous ne pourrons pas être auprès de vous lors de cette grande occasion car nous serons en Chine.

Nous vous adressons nos sincères félicitations et vous prions de transmettre tous nos vœux de bonheur à Caroline et son futur mari.

Isabelle et Jean-Luc

P.S. Nous sommes très envieux. Notre fille qui vient de fêter son trente-cinquième anniversaire ne semble guère décidée à se marier...

EXERCICE

F Answer the following questions.

1 Why are Jacques and Marguerite happy about Caroline getting married?

_____

2 Will they attend the wedding? _____

3 What information are they requesting?

_____

4 Why won't Isabelle and Jean-Luc be able to attend the wedding?

_____

5 What would make them really happy?

_____

Échanges entre voisins

If one only received *billets doux*, *cartes postales*, and *invitations au mariage*, life would be wonderful. Unfortunately, letters can be much less friendly. For example, let us look at the formal, cheerless letter that Mme Catherine Delpêche sent to her neighbor, M. Claude Taupin.

Mme Catherine Delpêche
Escalier B, 3ème étage
118, rue du Château
92100 Boulogne

> M. Claude Taupin
> Escalier B, 4ème étage
> 118, rue du Château
> 92100 Boulogne

Le 5 février 2012

Monsieur,

Je constate que, à la suite de chacune de mes réclamations quotidiennes, vous avez l'amabilité, pour un bref moment, de baisser le son de votre télévision et de cesser vos allées et venues dans votre appartement situé au-dessus du mien.

Malheureusement, chaque soir, vous recommencez et je dois aller frapper à votre porte pour réitérer ma demande. C'est pourquoi, si vous n'obtempérez pas sous les huit jours qui viennent, je me trouverai dans l'obligation de faire constater par huissier les nuisances sonores dont je suis victime.

Comme vous le savez, ces nuisances sont qualifiables de tapage nocturne, dès lors qu'elles interviennent après 22 h, et passibles d'amendes dont le montant est loin d'être négligeable. Souhaitant vivement obtenir gain de cause auprès de vous, sans devoir faire appel à un représentant de l'ordre, je vous prie d'agréer, Monsieur, l'expression de ma considération.

Catherine Delpêche

EXERCICE

G Answer the following questions.

1 Why is Mme Delpêche angry?

_____

2 Where exactly does M. Taupin live?

_____

3 How does Mme Delpêche threaten her neighbor?

_____

4 What are the rules concerning this problem in their building?

_____

5 What would the consequences be if M. Taupin is found guilty?

_____

Autres réclamations

Two examples of less formal but equally discontented letters follow.

Monsieur,

La partie du trottoir qui se trouve devant votre magasin est d'une saleté repoussante. Il me semblerait souhaitable de le nettoyer de façon plus régulière dans l'intérêt général de notre quartier et des nombreux touristes qui le fréquentent.

Je vous prie d'accueillir ces remarques sans hostilité de ma part. Mon seul souci étant le bon voisinage.

Cordialement,
Julien Morand

································

Madame,

Votre chien s'est de nouveau introduit dans mon jardin et a piétiné les parterres de fleurs que je venais de planter.

C'est la troisième fois que je vous demande de mieux surveiller votre animal qui effraie nos chats et qui a déjà causé des dégâts sur notre propriété.

Je vous prie donc de m'indemniser pour les dégâts occasionnés et de me faire parvenir la somme de trente euros dans les plus brefs délais. Je souhaite vivement que ce genre d'incident ne se reproduise plus.

Cordialement,
Madame Bertrand

Still, relations between neighbors can begin on a friendly basis.

Monsieur,

Vous venez d'arriver dans notre quartier et nous serions ravis de faire votre connaissance et de vous présenter la famille.

Accepteriez-vous de passer prendre un verre vendredi soir vers 18 heures? Une réponse n'est pas nécessaire. Nous serons là.

Cordialement,
M. et Mme Vernon

EXERCICE

H Review the invitations and correspondence between neighbors, then write the French equivalent for the following English expressions.

1 We are happy to inform you . . .

_____

2 We are delighted to meet you.

_____

3 We will be happy to join you.

_____

4 Congratulations and best wishes.

_____

5 Please accept my apologies.

_____

Correspondance administrative

Dealing with bureaucracies can be irritating, as illustrated by the following *demande d'indemnisation* (request for damages) sent to the *Mairie de Lyon*.

Lyon, le 8 février 2012

À qui de droit,

Le 10 mai à 13 heures, alors que je me rendais au travail dans le troisième arrondissement, j'ai fait une chute à cause d'un nid-de-poule très profond, Place Bellecour. Je n'ai pas été blessée mais ma moto toute neuve a été sérieusement endommagée.

Je vous demande donc de bien vouloir me rembourser les frais de réparation. Je vous joins la déclaration d'un témoin de l'accident ainsi que le devis de mon garagiste.

Dans l'attente de votre réponse, je vous prie de croire à l'assurance de mes sentiments.

Mélanie Imbert

EXERCICE

I Answer the following questions.

1 How could you have known, even before reading the signature, that the author of the letter is a woman?

_____

2 What caused her accident? _____

3 Where was she going when she fell from her motorbike?

_____

4 Why is she writing this letter?

_____

5 Does she know how much the repairs to her motorbike will cost?

_____

Lettre de cachet

The archives of the Bastille, housed at the Arsenal Library, are a gold mine of information on the period before and during the French Revolution of 1789. *Lettres de cachet* were originally used by French monarchs to imprison adversaries without trial. They were also used by the police to confine insane people to asylums, as well as by private citizens to curb the criminal or disorderly conduct of family members. This selection features such a letter, addressed to the *Commissaire Général de la Police* by the wife of Alexandre Bruno in 1728.

Monseigneur,

Françoise Brouët, femme de Alexandre Bruno marchand fruitier oranger, demeurant rue des Prêcheurs, chez M. Maugnon, aussi marchand fruitier oranger, prend la respectueuse liberté de représenter à Votre Grandeur que ledit Alexandre Bruno, son mari, âgé de soixante-dix ans, mène une vie si débauchée, se prenant de vin tous les jours et cela depuis vingt ans qu'elle est avec lui, lui ayant consommé tout ce qu'elle a apporté en mariage et scandalisant tout le voisinage, ses débauches lui ayant dérangé entièrement la tête, ce que les voisins attesteront, comme de dire qu'il a hier mis le feu à la maison, M. le commissaire Majurier s'y étant transporté et ayant invité la suppliante de faire ses diligences à Votre Grandeur pour qu'il vous plaise ordonner que ledit Alexandre Bruno soit renfermé à l'hôpital de Bicêtre, le propriétaire, comme M. le commissaire n'ayant pas voulu qu'il couche dans la maison par la crainte qu'ils ont que pareille chose ne lui arrive, elle ne cessera ses vœux pour la conservation et prospérité de Votre Grandeur.

EXERCICE

J Answer the following questions.

1 How long has Françoise Brouët lived with Alexandre Brunot? _____

2 What does Alexandre do for a living? _____

3 What bad habits does she reproach him for? _____

4 What is her purpose in writing to the police chief?

_____

5 Can she count on her neighbors' support? _____

Archives de la Bastille 11989, fol. 241 (1728).

Lettres historiques

Not only did Napoleon write passionate letters to his wife, Josephine, he wrote equally moving letters to his troops.

Nice, 27 mars 1796

Soldats, vous êtes nus, mal nourris; le Gouvernement vous doit beaucoup, il ne peut rien vous donner. Votre patience, le courage que vous montrez au milieu de ces roches sont admirables; mais il ne vous procure aucune gloire, aucun éclat ne rejaillit sur vous. Je veux vous conduire dans les plus fertiles plaines du monde. De riches provinces, de grandes villes seront en votre pouvoir; vous y trouverez honneur, gloire et richesses. Soldats d'Italie manqueriez-vous de courage ou de constance?

Napoléon[1]

....

Soldiers in World War I endured extreme pain and hardship, eased somewhat by news and packages from home, as the following selections illustrate.

Le front, le 23 novembre 1914

... Il est difficile d'imaginer l'agitation, l'impatience des soldats lorsqu'ils voient arriver le facteur. La moindre lettre, le plus petit colis et c'est la fête. Méticuleusement, on enlève la ficelle et le papier. Rires et larmes se confondent. Ici, solidaires jusqu'au bout, on partage tout. Mille mercis pour les confitures de framboises.

Meilleures pensées,
Joseph[2]

....

---

[1]Texte extrait du site Web http://napoleon.benoa.net/discours.html.
[2]*Paroles de Poilus, Lettres et carnets du Front, 1914–1918.* Librio.

The following selection is taken from a letter written by Antoine de Saint-Exupéry (1900–1944) to his mother. Author of *Le Petit Prince* and a military pilot, Saint-Exupéry was flying a reconnaissance mission over North Africa when his airplane disappeared.

[Casablanca, 1921]

Ma petite maman,

Comment pouvez-vous me laisser si longtemps sans nouvelles, vous qui savez si bien quelle torture c'est.

Je n'ai pas *une* lettre depuis quinze jours! Maman!

Je passe mon temps à m'imaginer des choses sinistres et suis malheureux. Maman, la lettre est tout! Ni Didi, ni personne ne m'écrit plus. Ici où j'ai plus de temps de penser à vous, je souffre plus de cette solitude. [...]

Je vous quitte, maman chérie. *Écrivez-moi de grâce*. Pouvez-vous aussi m'envoyer un mandat télégraphique si possible de 500 francs pour ce mois-ci seulement à *cause des déplacements*. Mes derniers sous passent dans le timbre. J'emprunterai pour demain et après-demain quelques sous si je les trouve.

Je vous embrasse aussi tendrement que quand j'étais un petit garçon de rien du tout qui traînait une petite chaise verte..., maman! [...]

Antoine

EXERCICE

K Let us suppose that each of the sentences below is the closing sentence of a novel. Guess the book's title from the options provided.

1 _____ « *Parmi les soldats, l'espoir s'était dissipé.* »
   a *La fulgurante passion de Vera*
   b *Le château de mon enfance*
   c *L'impitoyable guerre*
   d *Au bonheur des Dames*
   e *L'espérance à tout prix*

2 _____ « *Il quitta son village noyé dans le brouillard sans un sou en poche.* »
   a *Au fil des chemins parfumés*
   b *Les mémoires d'un cordon bleu*
   c *Vanille et chocolat*
   d *Les folies de Sophie*
   e *Grandeur et décadence*

Antoine de Saint-Exupéry, *Lettres à sa mère*. Paris: Gallimard, 1955.

3   ____ «*Jamais, Ô grand jamais, je ne te quitterai…*»
   a *Au nom du peuple européen !*
   b *Toi, l'amour de ma vie*
   c *Les barricades de feu*
   d *La première brassée de fleurs*
   e *La légende des montagnards*

4   ____ «*Avec hésitation, elle avança vers son frère. Elle le prit dans ses bras et l'embrassa.*»
   a *La réconciliation*
   b *Au nom des éléphants*
   c *La mort du boulanger*
   d *À la recherche du condor*
   e *Les aventures de la famille Courteline*

Runes

On a lighter note, the following selection introduces you to an ancient writing form that is very popular today: *l'écriture runique.*

Le langage runique est langage sacré et magique pour s'entretenir avec les puissances divines. D'où viennent-elles? Peut-être de l'Atlantide. En tout cas de si loin dans les millénaires que tous les peuples celtes, vikings, germains et même le roi Arthur s'y référaient chaque fois qu'il fallait rechercher l'énergie de la nature et les conseils des dieux. Mais seuls les druides, les chamans et les femmes initiées avaient le droit de les consulter et de les interpréter.

L'alphabet runique comporte à l'origine 24 caractères dont les dessins sont très simples et anguleux. Chaque lettre a un sens propre (son nom) et désigne en même temps un son. Par exemple, le caractère qui se prononce *f* s'appelle fehu, qui veut dire bétail.

« Runes » veut dire secret en vieux nordique (runar); traditionnellement, une fonction magique est attachée aux inscriptions runiques. Les runes sont des symboles chargés de dynamisme. Elles provoquent des résonances, libèrent des énergies bloquées, permettent de se ressourcer, de retrouver calme intérieur et sérénité.

Les jeux de runes, très branchés de nos jours, sont vendus en librairie. Les runes sont principalement en pierre ou en argile naturelle. Un autre moyen d'interroger l'avenir....

EXERCICE

L Match the runic messages in the first list with the personal profiles in the second list.

1 _____ *Une force vitale et régénératrice vous permettra de réaliser vos rêves.*

2 _____ *Harmonie et sagesse : rien n'est certain mais tout est possible.*

3 _____ *L'optimisme vous libérera de tout.*

4 _____ *Renaissance grâce à un magnétisme interne.*

5 _____ *Dans une autre vie, vous étiez français. La langue française va réémerger d'elle-même dans votre esprit et vous la parlerez couramment.*

a   *Un être humain sceptique mais sage et non défaitiste.*
b   *Un étudiant qui se bat avec la langue française.*
c   *Un rêveur qui a traversé une période difficile.*
d   *Un homme obsédé par son apparence extérieure.*
e   *Une femme déprimée, à tendance négativiste qui a besoin d'encouragement.*

Haïkus

Haiku, a beautiful form of writing invented by the Japanese, was often imitated by great French writers like Paul Éluard (1895–1952).

S'échapper de la classe par la fenêtre
et seul
aller se coucher dans le château en ruine

    Takuboku Ishikawa

Paysage de paradis
Nul ne sait que je rougis
Au contact d'un homme, la nuit

    Paul Éluard

EXERCICE

M Try writing a haiku poem. It has three unrhymed lines, usually with a total of 17 syllables.

_____

_____

_____

Nourris-moi

La panoplie du chef

Food plays a major role in French culture. The French distinguish between two cooking genres: *cuisine bourgeoise* (family cooking) and *haute cuisine* (traditionally elaborate food preparation). Today, the distinction is blurring as *haute cuisine* has become lighter (less *crème fraîche*) and *cuisine bourgeoise* has evolved. There has also been a fusion of cooking styles, as the French have adopted and incorporated cuisines from other countries. Common combinations are French-Vietnamese, French-Japanese, and French-Moroccan.

D'abord sa tenue

une toque
un tablier blanc
un pantalon en tissu pied-de-poule
une veste blanche
un mouchoir autour du cou

Puis son matériel

une planche à découper
un rouleau à pâtisserie
un fouet pour les sauces
un tire-bouchon
une râpe
une passoire
un tamis
des spatules
des couteaux bien aiguisés
des cuillères en bois
des louches
des casseroles en cuivre et en acier inoxydable
des poêles à frire
des plats de différentes tailles
des bols et des saladiers
des moules
des marmites

EXERCICE

HOMONYMS

Some French nouns can be masculine or feminine; their meaning changes depending on gender.

le crêpe	crepe (textile)	*la crêpe*	pancake
le poêle	stove	*la poêle*	frying pan
le vase	vase	*la vase*	silt, sludge
le voile	veil	*la voile*	sail
le livre	book	*la livre*	pound
le mémoire	thesis	*la mémoire*	memory
le moule	mold	*la moule*	mussel
le tour	walk	*la tour*	tower
le manche	handle	*la manche*	sleeve
		la Manche	the English Channel

Some nouns may be pronounced the same, but have different spellings and meanings.

le foie	liver	*la fois*	time	*la foi*	faith
le maire	mayor	*la mer*	sea	*la mère*	mother

A Translate the following sentences into French.

1 He took a large bowl and mixed the liver and onions.

2 She cut the bread on the cutting board.

3 She poured some milk in a large pan.

4 The cook put some large mussels in a frying pan.

5 Do you have a corkscrew?

Recettes

French uses different ways to give recipe directions. While a cookbook by a chef uses the infinitive form of the verb, a more casual, intimate form is desired in a women's magazine, so the imperative form is used there.

Gâteau aux poires

Let us start with desserts. A pear cake is a delicacy for Sunday brunch. Shopping for pears is part of the adventure: they must be firm, and—for aesthetic reasons—about the same size and without blemishes.

Pour 4 personnes
Préparation : 25 mn.
Cuisson : 45 mn.

Ingrédients

3 poires
50 cl. de lait
4 œufs
100 g. de farine
100 g. de sucre
60 g. de poudre d'amandes
1 sachet de sucre vanillé
1 cuil. à soupe d'alcool de poire (ou de rhum)
20 g. de beurre
1 pincée de sel

Réalisation

1. Préchauffer le four sur th. 6 [400° F].
2. Beurrer un moule de 24 cm. de diamètre.
3. Le placer 10 mn. au réfrigérateur. Entre-temps, mélanger 1 cuil. à soupe de farine et 1 cuil. à soupe de sucre. Saupoudrer l'intérieur du moule.
4. Verser la farine, le sucre, la poudre d'amandes, le sucre vanillé et le sel dans une jatte. Ajouter les œufs en tournant avec un fouet. Délayer en versant le lait. Incorporer l'alcool de poire. Verser la pâte dans le moule.
5. Éplucher les poires, les couper en quartiers. Les disposer en rosace. Mettre au four.

---

mn. *minute(s)*   **cl.** *centilitre(s)*   **g.** *gramme(s)*   **cuil.** *cuillère(s)*   **th.** *thermostat*
cm. *centimètre(s)*

6. Laisser cuire et dorer 45 mn.
7. Retirer du four. Pour vérifier la cuisson, enfoncer la lame d'un couteau. Elle doit ressortir propre et sèche.
8. Servir tiède ou froid. Accompagner par exemple de confiture de framboises.

EXERCICES

B Answer the following questions.

1 Should this dish be served hot?

_____

2 How can you tell that the cake is finished baking?

_____

3 How much flour is used? _____

4 How will the pears be arranged in the cake?

_____

5 What is the baking time? _____

C Find five adjectives in the recipe, write them below, then write their English equivalents.

_____   _____

_____   _____

_____   _____

_____   _____

_____   _____

Flan au lait et aux amandes

Here is a traditional Moroccan recipe from one of the finest establishments in Marrakech, *La Maison Arabe*—an exquisite hotel in the medina (the old walled city) with a superb restaurant and a cooking school reminiscent of *One Thousand and One Nights*. This recipe shares some ingredients with the recipe for *Gâteau aux poires*, but one small, exotic touch can make the difference. . . .

Ingrédients

1 poignée d'amandes et de noix décortiquées
1 petit verre d'eau de fleur d'oranger

_____

Reproduit avec l'aimable autorisation de Fabrizio Ruspoli.

1,5 litre de lait
4 à 5 cuil. à soupe de Maïzena
3 à 4 sachets de sucre vanillé
150 g. de sucre semoule
4 feuilles de gélatine

Réalisation

Mélanger le lait, la Maïzena, les 120 g. de sucre vanillé. Laisser sur feu doux jusqu'à ébullition tout en remuant avec une cuillère en bois. Laisser refroidir et ajouter les feuilles de gélatine ramollies et l'eau de fleur d'oranger. Verser dans des coupes et mettre au frais.

Mélanger les amandes et les noix dans un plat. Saupoudrer avec le reste du sucre et mettre au four quelques minutes. Après avoir retiré du four, attendre que tout ait refroidi puis décorer les coupes.

Timbale de pâtes au rôti de veau

The previous two recipes were similar in style: simple but formal in presentation. The next recipe uses a much more casual tone, as if the author is writing the recipe for a friend. The imperative form is used.

Ingrédients

80 g. de gnocchis par personne
un verre de vin blanc sec
quelques champignons de Paris
une à deux pincées de fleur de thym par personne
parmesan, persil
sel, poivre

Réalisation

Pour finir les restes d'un rôti de veau, j'ai décidé de faire une timbale de pâtes (des « gnocchi » en forme de coquillages). Toute modestie mise à part, je peux dire que c'est bluffant et ça peut faire une très belle entrée de vrai dîner.

Dans une casserole, vous faites réduire de moitié à feu très vif, un verre de vin blanc sec. Ajoutez le jus de viande pris en gelée avec ses carottes et ses dés de jambon (3 à 4 cuillerées par personne) et amenez à ébullition. Ajoutez la viande coupée en dés (8 mm de côté), quelques champignons de Paris étuvés et une ou deux pincées de fleurs de thym par personne. Laissez mijoter à feu très doux le temps que les pâtes cuisent (une douzaine de minutes).

Quand celles-ci sont cuites, égouttez-les, ajoutez-les à la sauce, poivrez, saupoudrez suffisamment de parmesan, rectifiez l'assaisonnement en sel à ce moment-là (attention, le fromage sale énormément) et servez avec un peu de persil plat haché sur le dessus pour faire joli. Vous verrez c'est assez réussi : l'acidité du vin, le sucré de la carotte, le goût de la viande et celui du jambon, leurs consistances, celle des champignons et des pâtes un peu fermes, la saveur du parmesan.

Et pouvant être fait à toute vitesse : même pas vingt minutes, tout compris ! La véritable timbale milanaise classique de la grande cuisine française est faite avec ce que nous appelons en France des macaronis.

EXERCICES

D Answer the following questions.

1 What kind of cheese does this recipe call for? _____

2 Is meat one of the ingredients? If so, what kind? _____

3 What kind of mushrooms are needed? _____

4 What does the cook use to decorate her dish? _____

5 What types of pasta can be used in this dish? _____

RECIPE DIRECTIONS

Both the infinitive and the imperative (*vous* form) may be used for recipe directions.

INFINITIVE *Hacher le persil.*
IMPERATIVE *Hachez le persil.*

E Write the following directions in French, using both the infinitive and imperative forms.

1 Serve cool.

_____   _____

2 Add salt.

_____   _____

3 Peel the pears.

_____   _____

4 Mix all the ingredients.

_____

_____

5 Stir with a wooden spoon.

_____

_____

RECOGNIZING COGNATES

Cognates are words that are similar in form and meaning in two languages.

Some cognates have the same spelling in both languages.

télévision   *nature*   *sofa*   *cassette*   *intelligent*

The spelling of many cognates varies slightly.

FRENCH	ENGLISH
modestie	modesty
liberté	liberty
délicieux	delicious
naturel	natural
exemple	example
rectifier	to rectify
un dîner	a dinner

Sometimes understanding the basic meaning of a common French word can help you determine the meaning of a French phrase. French *pièce* means a "piece" or "part" of something.

une pièce de monnaie	a coin
une pièce de théâtre	a play
une pièce dans un appartement	a room

Beware of false cognates—*faux-amis*. These are French words that look like English words but have very different meanings.

FRENCH WORD	TRUE ENGLISH MEANING	
achever	to end, to complete	(*atteindre à* = to achieve)
actuellement	currently, at present	(*en fait* = actually)
attendre	to wait	(*assister à* = to attend)
décevoir	to disappoint	(*tromper* = to deceive)
une entrée	a first dish	(*un plat principal* = a main course)

Sometimes you can substitute letter patterns to recognize cognates. Many French words that begin with é have cognates in English; just change the é to an s.

épice	spice
éponge	sponge
état	state

Similarly, try adding an s after a vowel with a circumflex accent.

| *pâtes* | pasta |
| *rôti* | roast |

F Give the English equivalent of the following French words.

1 *fête* _____

2 *éponge* _____

3 *île* _____

4 *étudiant* _____

5 *hôpital* _____

6 *étrange* _____

7 *épeler* _____

8 *forêt* _____

9 *épouse* _____

10 *établissement* _____

Les critiques culinaires

Food being as important as it is in France, food critics are both numerous and vocal. Some have become famous in their own right. Since they control the number of stars awarded to restaurants in guidebooks, critics play an important role in the restaurant industry. Let's read reviews of several restaurants in Paris.

Diététique

À l'heure du déjeuner seulement et jusqu'à 19h30, *Pro-fil & Forme* propose des plats salés ou sucrés hyperprotéinés mais hypocaloriques que le chef agrémente de légumes ou de fruits. Pour les angoissés d'avant les fêtes, voilà une solution.

Dépaysant

Les Caraïbes dans l'assiette, un décor chaleureux et une ambiance musicale. Rendez-vous au *Zanzibar* et découvrez le patron : « Pepe Miranda ».

Signé Pierre Bergé

On l'attendait, la voici enfin, toujours de faïence et de bronze, *La Maison Prunier* revient sur l'avenue Victor Hugo après des mois de travaux, mais cette fois ce n'est plus seulement un traiteur. Vous pourrez déguster sur place du caviar à la cuillère, du saumon fumé « sans combustion » ou encore des pinces de crabe de Miami.

Action Contre La Faim

L'association « Action Contre La Faim » et le « Leaders Club » mobilisent 300 établissements de la restauration et de l'hôtellerie pour créer une chaîne de solidarité. Pour chaque café consommé 0,10€ est reversé à « Action Contre La Faim ». La liste des adresses est disponible auprès de l'association et auprès de Transmedia.

Celui qui aime les fromages

Androuet, grand maître fromager, a créé son bar à vins et fromages. Tartines de Brie de Meaux ou de Bleu d'Auvergne, les références ne manquent pas chez Androuet sur le pouce.

Dînons au champagne

Les bulles sont à l'honneur dans ce bar-restaurant qui porte bien son nom. *Le Bubbles* vous propose donc moult champagnes pour accompagner vos choix gastronomiques.

Saveur de XIXe siècle

Nostalgique ? Faites une halte *Au Comptoir.* Un authentique comptoir de bistrot datant du XIXe siècle orne la salle de 1880. Une pièce rare qui a vu passer bien des clients, avec en prime le sourire de la patronne !

Les Crêpes aussi

Une envie de crêpes ? Déjeuner et ou dîner, mais aussi pour le goûter avec les enfants. Dans l'Ouest parisien une adresse indispensable : *La Creposuk.*

Indie's

Le Bombay Café n'est plus seulement dans le 15e arrondissement. Le voici aussi dans le 19e avec toujours le même concept, mais des petits plats plus que l'on ne se refuse pas en ces temps de canicule : une jolie terrasse ensoleillée et une bibliothèque à l'étage.

EXERCICE

G Which restaurants cater to the following clienteles?

1 Vegetarians

_____

2 Lovers of spicy food

_____

3 Persons with an unlimited budget

_____

4 Cheese lovers

_____

5 Dieters

_____

Cuisine et littérature

Food has been prominently featured in well-known films like Marco Ferreri's *La grande bouffe*, Tran Anh Hung's *L'odeur de la papaye verte*, Axel's *Le festin de Babette*, and Buñuel's *Le charme discret de la bourgeoisie*. Similarly, some of the great novels of French literature (which are often adapted for the big screen) feature famous food scenes; consider the novels of Gustave Flaubert, Émile Zola, Honoré de Balzac, and, of course, Marcel Proust.

C'est ainsi que, tous les samedis, comme Françoise allait dans l'après-midi au marché de Roussainville-le-Pin, le déjeuner était, pour tout le monde, une heure plus tôt. Et ma tante avait si bien pris l'habitude de cette dérogation hebdomadaire à ses habitudes, qu'elle tenait à cette habitude-là autant qu'aux autres. Elle y était si bien « routinée », comme disait Françoise, que s'il lui avait fallu, un samedi, attendre pour déjeuner l'heure habituelle, cela l'eût autant « dérangée » que si elle avait dû, un autre jour, avancer son déjeuner à l'heure du samedi. Cette avance du déjeuner donnait d'ailleurs au samedi, pour nous tous, une figure particulière, indulgente, et assez sympathique. Au moment où d'habitude on a encore une heure à vivre avant la détente du repas, on savait que, dans quelques secondes, on allait voir arriver des endives précoces, une omelette de faveur, un bifteck immérité.

EXERCICE

H Answer the following questions.

1 How has the lunch schedule changed?

_____

2 Why was this change made?

_____

3 Did the characters have lunch at the same time every day of the week?

_____

4 Was the narrator's aunt disturbed by this custom? _____

5 What vegetable did they usually eat? _____

Marcel Proust, « Du côté de chez Swann », *À la recherche du temps perdu,* vol. 1. Librairie Gallimard, 1954.

Les manières de table

« *Tout s'arrange en dînant dans le siècle où nous sommes.*
Et c'est par les dîners qu'on gouverne les hommes. »
   Casimir Delavigne (1793–1843)

It is not only what you eat that matters; it also matters how you eat it. We reproduce below a nineteenth-century list of eating do's and don'ts. Table manners, of course, are a bit more relaxed today.

La tenue à table

Un dîner est en principe un moment agréable que la mauvaise tenue d'un convive peut facilement transformer en spectacle d'horreur. La bonne éducation française repose sur le respect d'autrui et il n'y a qu'à imaginer ce que l'on n'aime pas avoir à regarder pour savoir comment se tenir ou ne pas se tenir.

Pour être agréable à ses voisins, il suffit de :

Se tenir droit sur sa chaise, sans s'avachir ni se balancer.
Poser les mains sur la table, poignets de part et d'autre de l'assiette.
Ne pas mettre son coude devant son assiette ni derrière comme pour la protéger de l'ennemi.
Se servir du morceau qui est devant soi et ne pas retourner tout le plat pour choisir son préféré.
Attendre que la maîtresse de maison ait commencé de manger pour soi-même commencer.
Ne pas saler avant d'avoir goûté.
Lever son coude vers la bouche et ne pas se pencher sur son assiette.
Manger la bouche fermée et sans bruit.
Ne jamais prendre la parole la bouche pleine.
S'essuyer la bouche avant de boire et après avoir bu.
Ne pas boire la bouche pleine.
Ne jamais porter son couteau à la bouche.
Ne se resservir que lorsque la maîtresse de maison invite à le faire.
Ne jamais passer le bras devant son voisin.
Ne pas incliner son assiette pour récupérer la dernière goutte.
Ne pas racler son assiette jusqu'à la dernière miette pour la rendre aussi propre qu'au début du repas.

Texte extrait du site Web www.bottin-mondain.fr/savoir-vivre.html.

Ne pas poser, entre les plats, ses couverts perpendiculairement de part et d'autre de l'assiette, comme des oreilles de cockers.

Ne pas croiser ses couverts dans son assiette lorsque l'on a fini, mais les ranger parallèlement en travers de l'assiette.

EXERCICES

PRONOMINAL VERBS

Some French verbs, called pronominal verbs, take an object pronoun that refers to the subject of the sentence; they can be identified by the pronoun (*me, te, se, nous, vous, se*) preceding the verb.

Some of the verbs are reflexive because the action of the verb is "turned back" on the subject.

Nous nous reposons sur la terrasse du restaurant.	We are resting on the restaurant terrace.
Elle se lève tôt le matin.	She gets up early in the morning.

Some pronominal verbs are reciprocal and have a plural subject.

Ils se téléphonent chaque semaine.	They call each other every week.
Elles s'écrivent des cartes postales.	They write postcards to each other.

Some verbs just happen to be pronominal; these verbs are called subjective.

Il se rend compte de son erreur.	He realizes his mistake.
Elles se sont enfuies à toute vitesse.	They ran away at full speed.

I Find the pronominal verbs in the selection and write them below.

_____

_____

_____

_____

_____

_____

_____

J Find the parts of the body mentioned in the selection and write them below.

_____   _____

_____   _____

_____   _____

Le lunch au Local

Here's a tantalizing menu you can enjoy at Le Local, a blend of rustic and modern in Montreal.

Le Local

740 William   Montréal, Québec   (514) 387 7737

Le Lunch au Local

Soupe au poulet et nouilles
Chicken noodle soup

ou/or

Salade verte façon Le Local
Le Local green salad

ou/or

En remplacement de l'entrée de la table d'hôte 6$
Substitution for entrée not on the fixed price menu $6

À la carte 10$
À la carte $10

Tartelette feuilletée avec pétoncles, oignons caramélisés et crème de bacon
Puff pastry with scallops, caramelized onions, and bacon cream

Galette de poisson, mayonnaise à l'ail confit et safran, fenouils braisés, salade de cresson et pommes vertes
Fish cake, garlic confit and saffron mayonnaise, braised fennel, watercress and green apple salad

ou/or

Côtelette de porc grillée au soja, curry de légumes, petite salade de légumes marinés et roquette
Soy grilled pork chop, vegetable curry, pickled vegetable and arugula salad

Mousse au beurre d'arachide, sablé aux arachides et glace au chocolat
Peanut butter mousse, peanut shortbread, and chocolate ice cream

3 services 26$ 2 services 22$

Le Chef : Charles-Emmanuel Pariseau

Diplômé de L'Institut de tourisme et d'hôtellerie du Québec en 1999 en Cuisine Évolutive, Charles-Emmanuel Pariseau fait un stage chez Alain Passard au restaurant L'Arpège à Paris. Il fait ses premières armes au sein d'excellents établissements de Montréal, dont le Café Jongleux, Le Toqué et Leméac. Et c'est maintenant au Local, qu'il officie, depuis avril 2009 en tant que chef exécutif.

The recipe for one of Chef Pariseau's specialties appears below.

Recette de la fricassée d'asperges "La sublime Asperge"

Pour 4 personnes

Ingrédients

24 unités	Asperges vertes de la maison la sublime Asperge
200 gr	Champignons Chanterelle
50 ml	Huile olive extra-vierge Planeta
20 gr	Beurre non-salé
20 gr	Noix de pins
20 ml	Glace de viande
Au goût	Échalote, ciboulette
Au goût	Sel, poivre
12 unités	Copeaux de Comté
75 ml	Crème 35 %
200 gr	Boudin noir
4 unités	Œufs pochés
100 ml	Farine
1 unité	Œuf
150 gr	Chapelure Panko

Réalisation

1. Éplucher les asperges, réserver.
2. Panner l'œuf poché à l'anglaise, réserver.
3. Chauffer de l'huile à friture, 350°, frire l'œuf pour le colorer, réserver.
4. Dans un grand poêlon, chauffer l'huile à fond, incorporer les champignons, bien les colorer.
5. Ajouter les asperges et le beurre, bien colorer, incorporer les noix de pins, cuire quelques secondes.
6. Ajouter la ciboulette, l'échalote, la glace de viande et assaisonner.

7. Cuire le boudin, le poêler légèrement et l'émulsionner avec 75 ml de crème 35% chaude, rectifier l'assaisonnement, réserver au chaud.
8. Tirer un trait de boudin, les asperges et les champignons sur le trait.
9. Finir avec les copeaux et l'œuf frit.

EXERCICES

__K__ Write complete sentences to answer the following questions about the recipe.

1 Is this a very spicy recipe? _____

2 What kind of mushroom is required for this recipe?

_____

3 What kind of butter does Chef Pariseau use?

_____

4 How much flour is needed? _____

5 Is there any meat in this recipe? _____

ET SI ON

To make a casual suggestion, an expression that is frequently used is *Et si on* + third-person singular verb in the imperfect tense. *On* is used informally to mean *nous*.

Et si on goûtait la nouvelle fricassée du Chef Pariseau ? — What about tasting Chef Pariseau's new fricassee?

Et si on partageait un tartare de saumon ? — What about sharing salmon tartar?

__L__ Write complete sentences, using the expression *Et si on* with the following phrases, to make casual suggestions.

1 *Faire une mousse au beurre d'arachide.*

_____

2 *Préparer une pizza au thon.*

_____

3 *Suivre un cours de cuisine cet été.*

_____

4 *Inventer une recette.*

_____

5 *Éplucher les légumes.*

_____

Des livres beaux à croquer

Qu'est-ce que c'est ?

Le Festival International du Livre Mangeable est un évènement annuel qui se célèbre chaque 1er avril autour du monde. Cet évènement unit bibliophiles, artistes du livre et gourmets pour fêter le goût de la culture et la faim de savoir. N'ayez pas peur de mettre les mains à la pâte pour avoir les mots à la bouche. Les participants créent des livres mangeables qui sont montrés, documentés et dévorés.

Qui participe ?

Ce festival peut être fêté où vous êtes : en famille, avec des amis, collègues et public. La seule règle est que cet art mangeable ait un lien avec le livre soit dans le contenu, et/ou la forme.

Chaque participant, et groupe participant est responsable de son évènement et son site Internet. Chaque participant doit nous envoyer les informations sur son évènement pour être sur le site central, et nous envoyer les photos pour nos archives.

Où sont les livres mangeables ?

Les livres sont mangés le jour du festival. Les images de cet évènement mondial sont présentées sur Internet. Les liens des différents participants et une sélection de photos sont présentées sur le site books2eat .com. La documentation sera utilisée dans le futur pour un livre (non-mangeable) par les éditions Umbrella.

Qui l'a commencé ?

Le festival a été crée par Judith A. Hoffberg (1934–January 16, 2009) et Béatrice Coron. Judith a eu l'idée lors d'un dîner de Thanksgiving avec des artistes du livre en 1999. L'évènement est devenu réalité avec Béatrice qui a créé et maintenu le site Internet jusqu'en 2006. L'évènement revient chaque année avec goût.

Pourquoi le 1er avril ?

Le premier avril est l'anniversaire du gastronome français Jean-Anthelme Brillat-Savarin (1755–1826), connu pour son livre "Physiologie du

Avec l'aimable autorisation de Béatrice Coron.

goût". Le 1er avril est aussi une date idéale pour jouer avec les mots et les avaler.

EXERCICES

M Write the French equivalents for the following sentences, using inversion.

1 Who started this festival?

_____

2 When does the festival take place?

_____

3 Why did the founders choose this date?

_____

4 Who can participate in this event?

_____

5 Are the books eaten or used as decoration?

_____

N Match the book titles in the first column with the correct French author in the second column. You may consult reference materials if necessary.

1 _____ *Germinal*   a Charles Baudelaire

2 _____ *Madame Bovary*   b Émile Zola

3 _____ *La peste*   c Roland Barthes

4 _____ *Les fleurs du mal*   d Albert Camus

5 _____ *Mythologies*   e Gustave Flaubert

Enivrez-vous

To close this section on food, we offer « Enivrez-vous » by French poet and critic Charles Baudelaire (1821–1867), who invites you to enjoy the pleasures of life.

Il faut être toujours ivre. Tout est là : c'est l'unique question. Pour ne pas sentir l'horrible fardeau du Temps qui brise vos épaules et vous penche vers la terre, il faut vous enivrer sans trêve.

Mais de quoi? De vin, de poésie ou de vertu, à votre guise. Mais enivrez-vous.

Et si quelquefois, sur les marches d'un palais, sur l'herbe verte d'un fossé, dans la solitude morne de votre chambre, vous vous réveillez, l'ivresse déjà diminuée ou disparue, demandez au vent, à la vague, à l'étoile, à l'oiseau, à l'horloge, à tout ce qui fuit, à tout ce qui gémit, à tout ce qui roule, à tout ce qui chante, à tout ce qui parle, demandez quelle heure il est; et le vent, la vague, l'étoile, l'oiseau, l'horloge, vous répondront: «Il est l'heure de s'enivrer! Pour n'être pas les esclaves martyrisés du Temps, enivrez-vous; enivrez-vous sans cesse! De vin, de poésie ou de vertu, à votre guise.»

Charles Pierre Baudelaire, «Enivrez-vous», *Le spleen de Paris.* Paris: Livre de Poche, 1964.

Chante, chante

À la claire fontaine

French troops in New France led by Louis-Joseph Marquis de Montcalm used this popular seventeenth-century song as an anthem during the 1759 battle of Quebec, fought against British forces led by General James Wolfe. A new version of the song, originally called *Les trois demoiselles,* made its way back to France in the 1900s.

À la claire fontaine
M'en allant promener,
J'ai trouvé l'eau si belle
Que je m'y suis baigné.

Refrain
Il y a longtemps que je t'aime,
Jamais je ne t'oublierai.

Sous les feuilles d'un chêne
Je me suis fait sécher.
Sur la plus haute branche
Un rossignol chantait.

Refrain

Chante, rossignol, chante,
Toi qui as le cœur gai.
Tu as le cœur à rire,
Moi je l'ai à pleurer.

Refrain

J'ai perdu mon amie
Sans l'avoir mérité,
Pour un bouquet de roses
Que je lui refusais.

Refrain

Je voudrais que la rose
Fût encore au rosier
Et que ma douce amie
Fût encore à m'aimer.

Refrain

EXERCICES

TENSE AND MOOD

In a single song you will often find a whole range of tenses (present, past, and future) and moods (indicative, subjunctive, conditional, and imperative). Understanding the relationship of these tenses and moods is, of course, a key to understanding the song's meaning.

A Most of the following verb forms are found in *À la claire fontaine*. Match them with the grammatical form, tense, or mood in the second column. Not all items in the second column are used.

1 ____ *allant*   **a** *infinitif*

2 ____ *j'avais trouvé*   **b** *infinitif passé*

3 ____ *je m'y suis baigné*   **c** *impératif*

4 ____ *il chantait*   **d** *participe présent*

5 ____ *chante !*   **e** *imparfait*

6 ____ *avoir mérité*   **f** *futur*

7 ____ *je voudrais*   **g** *conditionnel*

8 ____ *fût*   **h** *passé composé*

9 ____ *je ne t'oublierai (jamais)* **i** *plus-que-parfait*

10 ____ *je me suis fait sécher*   **j** *subjonctif imparfait*

B Find all the adjectives in the song and write them below. Then give the English equivalent of each.

_____   _____

_____   _____

_____   _____

_____   _____

_____   _____

Le temps des cerises

This song was written in 1867 by Jean-Baptist Clément while a political refugee in Belgium. Born into a wealthy family near Paris, he broke off family ties and worked in factories and at odd jobs before becoming known in revolutionary circles.

Despite its revolutionary roots, *Le temps des cerises* is thought of today only as a beautiful love song. It has been interpreted by many famous singers, including Jean Lumière, Tino Rossi, Yves Montand, Nana Mouskouri, and Colette Renard.

Quand nous chanterons le temps des cerises,
Et gai rossignol, et merle moqueur
Seront tous en fête.
Les belles auront la folie en tête
Et les amoureux, du soleil au cœur.
Quand nous chanterons le temps des cerises,
Sifflera bien mieux le merle moqueur.

Mais il est bien court, le temps des cerises
Où l'on s'en va deux, cueillir en rêvant
Des pendants d'oreilles...
Cerises d'amour aux roses pareilles,
Tombant sous la feuille en gouttes de sang...
Mais il est bien court, le temps des cerises,
Pendants de corail qu'on cueille en rêvant.

Quand vous en serez au temps des cerises,
Si vous avez peur des chagrins d'amour,
Évitez les belles!
Moi qui ne crains pas les peines cruelles,
Je ne vivrai pas sans souffrir un jour...
Quand vous en serez au temps des cerises,
Vous aurez aussi des peines d'amour!

J'aimerai toujours le temps des cerises:
C'est de ce temps-là que je garde au cœur
Une plaie ouverte!
Et dame Fortune, en m'étant offerte,
Ne pourra jamais fermer ma douleur...
J'aimerai toujours le temps des cerises
Et le souvenir que je garde au cœur.

Jean-Baptiste Clément, « Le temps des cerises », *La chanson française du XVᵉ au XXᵉ siècle*. Paris: Jean Gillequin, 1909[?].

EXERCICES

C Several of the following verb forms are found in *Le temps des cerises*. Identify the tense of each verb form and write it below. Then give the English equivalent of each form.

		TENSE	ENGLISH EQUIVALENT
1	*nous chanterons*	_____	_____
2	*ils auraient*	_____	_____
3	*il sifflera*	_____	_____
4	*rêvant*	_____	_____
5	*on cueille*	_____	_____
6	*vous avez peur*	_____	_____
7	*Évitez*	_____	_____
8	*vous ne craignez rien*	_____	_____
9	*elles cueillaient*	_____	_____
10	*tu étais arrivée*	_____	_____

THE RELATIONSHIP BETWEEN TENSES

If the future tense is used in the main clause of a sentence, it is also used in the subordinate clause, introduced by a conjunction such as *quand, lorsque, aussitôt que, dès que,* or *tant que.*

Le temps des cerises has several future verb forms.

*Quand nous **chanterons** le temps des cerises...*
*Les belles **auront** la folie en tête.*

*Quand vous en **serez** au temps des cerises...*
*Vous **aurez** aussi des peines d'amour !*

D Complete the following sentences with the appropriate form of the verb in parentheses.

1 *Je me baignerai quand il _____ beau. (faire)*

2 *J'irai à la fontaine quand j'_____ besoin d'eau. (avoir)*

3 *Ils visiteront le Musée Guimet lorsqu'ils _____ à Paris. (séjourner)*

4 *Il lui offrira des roses quand il _____ riche. (être)*

5 *Elle sera heureuse dès que les cerisiers _____ en fleur. (être)*

Les roses blanches

This song was written in 1926 by composer Léon Raiter and lyricist Ch. L. Pothier. It has been interpreted by many famous French singers, including Edith Piaf, Tino Rossi, Nana Mouskouri, and Céline Dion.

C'était un gamin, un gosse de Paris,
Pour famille il n'avait qu'sa mère
Une pauvre fille aux grands yeux rougis,
Par les chagrins et la misère
Elle aimait les fleurs, les roses surtout,
Et le cher bambin tous les dimanches
Lui apportait de belles roses blanches,
Au lieu d'acheter des joujoux
La câlinant bien tendrement,
Il disait en les lui donnant :

Refrain
« C'est aujourd'hui dimanche, tiens ma jolie maman
Voici des roses blanches, toi qui les aime tant
Va quand je serai grand, j'achèterai au marchand
Toutes ses roses blanches, pour toi jolie maman. »

Au printemps dernier, le destin brutal,
Vint frapper la blonde ouvrière
Elle tomba malade et pour l'hôpital,
Le gamin vit partir sa mère
Un matin d'avril parmi les promeneurs
N'ayant plus un sou dans sa poche
Sur un marché tout tremblant le pauvre mioche,
Furtivement vola des fleurs
La marchande l'ayant surpris,
En baissant la tête, il lui dit :

Refrain
« C'est aujourd'hui dimanche et j'allais voir maman
J'ai pris ces roses blanches elle les aime tant
Sur son petit lit blanc, là-bas elle m'attend
J'ai pris ces roses blanches, pour ma jolie maman. »

La marchande émue, doucement lui dit,
« Emporte-les je te les donne. »
Elle l'embrassa et l'enfant partit,
Tout rayonnant qu'on le pardonne
Puis à l'hôpital il vint en courant,
Pour offrir les fleurs à sa mère
Mais en le voyant, une infirmière,
Tout bas lui dit « Tu n'as plus de maman »
Et le gamin s'agenouillant dit,
Devant le petit lit blanc :

Refrain
« C'est aujourd'hui dimanche, tiens ma jolie maman
Voici des roses blanches, toi qui les aimais tant
Et quand tu t'en iras, au grand jardin là-bas
Toutes ces roses blanches, tu les emporteras. »

EXERCICES

E Answer the following questions.

1 Why did the young boy steal flowers?

_____

_____

2 What was the florist's reaction?

_____

3 In what city does the scene take place? _____

4 What did the boy find out when he arrived at his destination?

_____

5 Who told him what had happened? _____

THE ENDING -*ANT*

The -*ant* form of the verb in French corresponds to the "-ing" form in English. There are several words ending in -*ant* in *Les roses blanches*.

câlinant	cuddling	*rayonnant*	radiant
donnant	giving	*courant*	running
ayant	having	*voyant*	seeing
tremblant	shaking	*s'agenouillant*	kneeling
baissant	lowering		

An -*ant* form can function as an adjective, as a present participle introducing a subordinate clause, or as a verb with *en*.

F Give the English equivalent of the following words.

1 *tenant* _____

2 *s'asseyant* _____

3 *se souvenant* _____

4 *mélangeant* _____

5 *servant* _____

6 *épluchant* _____

7 *attendant* _____

8 *pleurant* _____

Carmen

Based on the romantic novella *Carmen* by Prosper Mérimée, the four-act opera of the same name was composed by Georges Bizet and was first performed in Paris in 1875.

Soldats
La voilà !

Chœur
La voilà
voilà la Carmencita !

(Entre Carmen. Elle a un bouquet de cassie à son corsage et une fleur de cassie dans le coin de la bouche. Trois ou quatre jeunes gens entrent avec Carmen. Ils la suivent, l'entourent, lui parlent. Elle minaude et caquette avec eux. Don José lève la tête. Il regarde Carmen, puis se remet à travailler à son épinglette.)

Les jeunes gens entrés avec Carmen
Carmen ! sur tes pas nous nous pressons tous !
Carmen ! sois gentille, au moins réponds-nous,
et dis-nous quel jour tu nous aimeras !
Carmen, dis-nous quel jour tu nous aimeras !

Carmen *(les regardant, gaîment)*
Quand je vous aimerai ? Ma foi, je ne sais pas...
Peut-être jamais !... peut-être demain !...

(résolument)
Mais pas aujourd'hui... c'est certain.

L'amour est un oiseau rebelle
que nul ne peut apprivoiser,
et c'est bien en vain qu'on l'appelle,
s'il lui convient de refuser !
Rien n'y fait, menace ou prière,
l'un parle bien, l'autre se tait ;
et c'est l'autre que je préfère,
il n'a rien dit, mais il me plaît.

Chœur des cigarières et jeunes gens
L'amour est un oiseau rebelle
que nul ne peut apprivoiser,

Texte : domaine public.

et c'est bien en vain qu'on l'appelle,
s'il lui convient de refuser !
Carmen
L'amour ! l'amour ! l'amour ! l'amour !

Carmen
L'amour est enfant de Bohême,
il n'a jamais, jamais connu de loi,
si tu ne m'aimes pas, je t'aime,
si je t'aime, prends garde à toi !

Chœur (cigarières, jeunes gens et soldats)
Prends garde à toi !
Carmen
Si tu ne m'aimes pas,
si tu ne m'aimes pas, je t'aime !

Chœur
Prends garde à toi !
Carmen
Mais si je t'aime,
si je t'aime, prends garde à toi !...

Carmen
L'oiseau que tu croyais surprendre
battit de l'aile et s'envola ;
l'amour est loin, tu peux l'attendre,
tu ne l'attends plus, il est là.
Tout autour de toi, vite, vite,
il vient, s'en va, puis il revient ;
tu crois le tenir, il t'évite,
tu crois l'éviter, il te tient !

Cigarières et jeunes gens
Tout autour de toi, vite, vite,
il vient, s'en va, puis il revient ;
tu crois le tenir, il t'évite,
tu crois l'éviter, il te tient !
Carmen
l'amour ! l'amour ! l'amour ! l'amour !

Carmen
L'amour est enfant de Bohême,
il n'a jamais, jamais connu de loi,
si tu ne m'aimes pas, je t'aime,
si je t'aime, prends garde à toi !

EXERCICES

G Find three things that love is compared to in *Carmen* and write them below.

_____

_____

_____

PRONOUNS

Third-person pronouns are used in place of a noun to avoid repeating it. Personal pronouns used as the subject of a clause include third-person forms that agree in gender and number with the noun they refer to.

	SINGULAR	PLURAL
MASCULINE	*il*	*ils*
FEMININE	*elle*	*elles*

There are several subject pronouns in *Carmen*.

*s'**il** lui convient de refuser*
il n'a jamais connu de loi
il est là
il vient, s'en va, puis il revient
il t'évite
il te tient

In each case the pronoun *il* refers to *l'amour.*

H In the following sentences identify the noun referred to by the pronoun set in bold type and write the noun in the space provided.

1   *Sophie entendait une pluie douce qui tombait dans l'obscurité de la nuit.*

*Incessante, **elle** frappait les volets de bois bleu.* _____

2   *Les enfants jouaient dans le jardin avec des morceaux de marbre rose*

*éparpillés sur le sol. **Ils** étaient là depuis des semaines, sans doute oubliés*

par les ouvriers. _____

3   *Il avait posé son parapluie sur le fauteuil en cuir. **Il** était tout mouillé et risquait*

de laisser des taches pour toujours. _____

4   *Les femmes portaient des lunettes de soleil à la monture brillante.*

*Personne ne savait si **elles** étaient en or ou en matière synthétique.*

_____

5   *Carmen avait une fleur à la main. **Elle** était toute petite et sentait bon.*

_____

Le chant grégorien

Until the Second Vatican Council (1962–1965), Gregorian chant was the basic musical genre of the Roman Catholic Church.

Si l'appellation « chant grégorien » apparut dès le VIIIe siècle, elle ne désigne ce répertoire que depuis le début du XXe siècle, les dénominations les plus courantes étant auparavant plain-chant ou encore chant ecclésiastique. Le chant grégorien originel est une mélodie monodique (à une voix) chantée sans accompagnement instrumental, dont le rythme, non fixé, et les contours mélodiques sont étroitement liés au rythme et aux inflexions de la parole.

Le chant grégorien repose sur un système de huit modes couvrant chacun une octave, inspirés des modes grecs antiques. Il fut chanté pendant sept siècles à l'Abbaye Royale de Fontevraud. Renouant avec cette tradition, L'Abbaye de Fontevraud organise des sessions de chant grégorien. Chaque année, au mois d'août, un stage permet aux musiciens, mais aussi aux mélomanes, la découverte du répertoire musical le plus ancien d'Occident. Ce stage s'adresse à ceux qui désirent se perfectionner. Il exige un indispensable travail vocal et met en œuvre les dernières découvertes rythmiques, verbales, neumatiques et modales.

EXERCICE

COMPOUND WORDS

The selection indicates that a training session in Gregorian chant is offered to both *musiciens* and *mélomanes* ("music lovers"). The word *mélomane* is a combination of two roots: *mélo-* "music" + *-mane* "person with an obsession for something." The suffix *-mane* is related to English "maniac." French has a large number of such roots, and recognizing them in a word can help you guess its meaning.

I Give the English equivalent of the following words.

1 *balletomane*   _____

2 *héroïnomane*   _____

3 *mythomane*   _____

4 *pyromane*   _____

5 *monomane*   _____

6 *toxicomane* _____

7 *mégalomane* _____

8 *cleptomane* _____

9 *cocaïnomane* _____

10 *chocolatomane* _____

MORE FRENCH ROOTS

Here are more roots that can be added to words or other roots to make combination nouns and adjectives.

ROOT	GENERAL MEANING	EXAMPLE	
-âtre	péjoratif	blanchâtre	whitish
-ette	diminutif	maisonnette	small house
-lingue	langue	trilingue	trilingual
-cratie	exercice du pouvoir	autocratie	autocracy
-graphie	art d'écrire	calligraphie	calligraphy
-logie	science	psychologie	psychology
-philie	amour	francophilie	Francophilia
-phobie	peur	claustrophobie	claustrophobia
-scope	vision	télescope	telescope
-thérapie	traitement médical	psychothérapie	psychotherapy
-thermie	chaleur	hypothermie	hypothermia
-vore	qui dévore	carnivore	carnivore

L'Olympia

L'Olympia est mort, vive L'Olympia!

Le couloir est à peine plus long: trente-cinq mètres au lieu de dix-huit. La différence est infime. Pour pénétrer dans la nouvelle salle de l'Olympia à Paris, le public aura donc quelques pas de plus à parcourir. Mais, comme pour le reste de la rénovation, tout a été fait pour qu'il ne s'en rende pas compte. Dès l'entrée, l'architecte Anthony Béchu, a veillé au moindre détail pour que le « clonage » soit parfait. Lieu mythique du music-hall parisien, l'Olympia a pourtant été menacé de destruction pour cause de rénovation totale du quartier. Et, il ne doit son salut qu'à la ténacité d'une communauté artistique fortement mobilisée et à l'instance de classement prononcée le 7 janvier 1993, par le ministre de la Culture Jack Lang. La Société générale, banque propriétaire des terrains et des murs du théâtre, se range alors à l'avis du plus grand nombre: l'Olympia sera reconstruit à l'identique.

C'est chose faite depuis le 13 novembre 1997. Quatre ans après avoir fêté son centenaire—le 13 avril 1993—il renaît de ses cendres à quelques mètres de son lieu d'origine. Il aura fallu deux ans de travaux et six mois de fermeture pour accomplir cette étonnante copie architecturale. Au 28, boulevard des Capucines, l'ambiance est restée la même. Les deux mille fauteuils sont toujours rouges, les murs sont noirs et le plafond bleu. La scène et le foyer sont légèrement plus grands mais ce dernier a conservé son bar style années 50. Véritable prouesse, l'ancienne salle de billard, toute en tableaux de céramique a été entièrement reconstituée.

Inaugurée en 1893, par la chanteuse La Goulue et la danseuse Loïe Fuller, sur l'ancien site d'une sorte de « grand huit » en bois, l'Olympia, garde donc la trace de tous ses fantômes. L'endroit a vu défiler les plus grandes vedettes de la chanson et du spectacle. Depuis Mistinguett et Maurice Chevalier dans les années 30, jusqu'à Gilbert Bécaud ou Patricia Kaas, en passant par Oum Kalsoum, les Beatles, Barbara et Lisa Minelli, le temple de la variété française et étrangère reprend du galon aujourd'hui, comme si rien ne lui était arrivé. Rien, sauf une cure de jouvence réussie.

Isabelle Spaak, « L'Olympia est mort, vive L'Olympia! », *Label France*, avril 1998.

EXERCICES

J Answer the following questions.

1 What was decided on January 7, 1993?

_____

2 How many seats are there in the theater? _____

3 What threat loomed over the Olympia?

_____

4 Who sang at the Olympia in the 1930s?

_____

5 Where is the theater located?

_____

K Find the nouns in the selection that relate to parts of the renovated theater building and write them below. Then give their English equivalents.

_____   _____

_____   _____

_____   _____

_____   _____

_____   _____

Le Musée de la Musique

Le Musée de la Musique replace chaque instrument dans son contexte d'origine : un parcours muséographique unique permettant simultanément de voir les instruments, d'écouter leur timbre, de découvrir les salles dans lesquelles ils ont été joués et de comprendre leur fonction sociale. Situé au nord-est de Paris, sur le parc de la Villette, c'est l'un des derniers chantiers du Président François Mitterrand qui fut inauguré en janvier 1995. C'est un lieu d'enseignement (activités pédagogiques pour les adultes et le jeune public) et de pratique musicale, d'information et de découverte du patrimoine, la cité de la musique s'adresse à tous les publics : mélomanes, jeunes, artistes et futurs artistes, amateurs et professionnels de la musique.

Il manquait juste une touche au gigantesque piano à queue blanc, imaginé par l'architecte français Christian de Portzamparc comme écrin à la cité de la Musique, pour que cet instrument de découverte, d'enseignement, de pratique et d'écoute atteigne son point d'orgue. Avec l'ouverture au public, en janvier 1997, des 3 000 mètres carrés de son musée de la Musique, c'est chose faite.

Quittant la clarté des espaces baignés de lumière de Portzamparc, le visiteur est en effet désormais convié à pénétrer dans l'univers obscur, sobre et mystérieux de Franck Hammoutène, architecte chargé de l'aménagement de ce nouveau musée national. Éclairage doux et intime dû aux 2 500 fibres optiques qui quadrillent l'espace, couleurs sombres contrastant avec bois blonds et acier... tout concourt ici à la mise en valeur des 900 instruments de musique exposés, aux côtés de tableaux ou sculptures d'époque, sur des estrades ou dans de vastes vitrines. Clavecins, luths, flûtes, musettes, pianos, violons, guitares, cuivres, percussions... d'une rare beauté livrent ainsi leur histoire, le long d'un chemin jalonné de bornes interactives.

« Résultat d'une activité de facteur ou de luthier, explique Marie-France Calas, conservatrice en chef du patrimoine, un instrument est le reflet d'une société, des arts, des sciences et des techniques d'une époque. Ici, la musique est donc abordée à travers l'objet mais aussi la composition, l'interprétation, et le lien qui les unit. » Ne jamais se couper de la musique vivante, telle est bien la volonté affichée. Aussi, grâce à un parcours sonore, via des casques infrarouges, le visiteur est-il convié à entendre des pages des grandes œuvres évoquées, et à tisser un lien de proximité avec l'instrument. Dans le même esprit, au sein de l'exposition, des musiciens organisent des ani-

---

Florence Raynal, « Le Musée de la Musique », *Label France*, juillet 1997.

mations, et un amphithéâtre de 230 places permet l'organisation de concerts et forums. *« Des artistes y jouent sur nos instruments,* souligne la responsable. *Ce musée donne donc à voir mais aussi à entendre ses collections. »*

Le musée, qui compte près de 4 500 pièces, a hérité des collections du Conservatoire national de musique de Paris, né en 1793 et particulièrement riche en instruments de musique savante occidentale des XVIIe, XVIIIe et XIXe siècles. À l'origine de la muséographie, Henri Loyrette — aujourd'hui directeur du musée d'Orsay — a choisi de valoriser ses points forts : la lutherie française et italienne, les claviers...

Le principe retenu est celui d'un parcours chronologique, remontant de l'Italie baroque vers le XXe siècle et ses ruptures instrumentales, ponctué de mises en espace de neuf dates capitales de l'histoire de la musique. À chaque étape, une maquette reconstitue le lieu où une œuvre clé a été présentée pour la première fois. Ainsi, de la scène du palais ducal de Mantoue pour l'*Orfeo* de Monteverdi à la grande salle du Trocadéro pour la Symphonie n° 3 avec orgue de Saint-Saëns, on assiste à la naissance et à l'évolution de l'orchestre, puis à l'apparition soudaine du chef. Le XXe siècle, évoqué de façon plus succincte, est, quant à lui, symbolisé par le *Sacre du Printemps* du Russe Stravinski et *Exposition* de l'Argentin Kagel. [...]

Le succès croissant des 35 hectares du parc de La Villette, aux portes de Paris, tient ainsi principalement à son ouverture sur le monde et à sa volonté d'aller au-devant de tous les publics, notamment par la gratuité de maintes manifestations. Un succès qu'attestent d'ailleurs largement les chiffres de fréquentation de ses établissements : salle de concert du Zénith, cité des Sciences et de l'Industrie, salle de projection sphérique de la Géode, lieu polyvalent de la Grande Halle, théâtres..., qui affichent près de 10 millions de visiteurs chaque année. Échappée sur la ville, accueil de formes artistiques nouvelles, intérêt pour les questions de société, dialogue entre les cultures du monde... donnent aujourd'hui le tempo aux anciens abattoirs de La Villette.

EXERCICE

L Answer the following questions.

1 Is *le Musée de la Musique* located in the heart of Paris?

_____

2 Why does this museum appeal to students and young people in general?

_____

3 Who was the architect of this museum? _____

4 How many musical instruments are on permanent display? _____

5   Name as many instruments as you can find in the selection, and give their English equivalent.

_____   _____

_____   _____

_____   _____

_____   _____

_____   _____

_____   _____

_____   _____

_____   _____

_____   _____

_____   _____

_____   _____

Nous n'irons plus au bois

To close this section on music, we present a song that is often sung with young children today. It is based on a poem written by Théodore de Banville (1823–1891). The words of « Nous n'irons plus au bois » were later adapted and set to music.

Nous n'irons plus au bois,
Les lauriers sont coupés,
La belle que voilà
Ira les ramasser.

Refrain
Entrez dans la danse,
Voyez, comme on danse,
Sautez, dansez,
Embrassez qui vous voudrez.

La belle que voilà
Ira les ramasser,
Mais les lauriers du bois,
Les laisserons-nous couper ?

Non, chacune à son tour
Ira les ramasser.
Si la cigale y dort,
Il n'faut pas la blesser.

Le chant du rossignol
Viendra la réveiller.
Et aussi la fauvette,
Avec son doux gosier.

Et Jeanne la bergère
Avec son blanc panier.

Allant cueillis la fraise
Et la fleur d'églantier.
Cigale, ma cigale,
Allons, il faut chanter.

Car les lauriers du bois
Sont déjà repoussés.

Promène-moi

La France des musées

France boasts a large number of museums of classical and modern art. Many older museums have been modernized, while a number of new museums have been opened. Recent decentralization has aimed to strike a balance between Paris and the provinces; as a result, more and more small, specialized museums have sprung up.

Les musées français accueillent chaque année quelque 70 millions de visiteurs. Les raisons d'un tel succès ? Plus de deux décennies de rénovations et de créations tous azimuts. Suivez le guide...

« *Je suis las des musées, cimetières des arts* », déclarait au XIXe siècle le poète Lamartine. Mis en place par la Révolution française pour éduquer le peuple, ces « temples du beau », il y a seulement vingt ans, étaient encore désertés par le public. Trop souvent considérés comme des conservatoires poussiéreux et sans vie, ils étaient alors incapables de suivre l'évolution des pratiques culturelles et de transmettre, tout à la fois, le goût du patrimoine et celui de l'art vivant.

1977 : l'inauguration du centre Georges-Pompidou sonne le renouveau muséal français. Le « paquebot » tout en cheminées aux couleurs gaies, signé par les architectes Renzo Piano (italien), Gianfranco Franchini (italien) et Richard Rogers (anglais), abrite un musée national d'art moderne, mais aussi une vaste bibliothèque publique, des expositions temporaires, un cinéma, un théâtre... le tout dans une tonifiante interdisciplinarité. Un an plus tard, « Beaubourg » enregistre plus de six millions d'entrées. Davantage que la tour Eiffel !

L'accueil du public est tout aussi enthousiaste, en 1981, à l'ouverture du musée d'Orsay, qui réunit, dans une muséographie résolument moderne, les œuvres d'art de la seconde moitié du XIXe siècle. La popularité des Impressionnistes est... impressionnante. La même année, l'arrivée de François Mitterrand à la présidence de la République se traduit par une accélération sans précédent des grands chantiers culturels. Au nord de Paris, les bâtiments des anciens abattoirs de la Villette se transforment en cité des Sciences et de l'Industrie, la plus grande du genre en Europe. L'Hôtel Salé, dans le Marais, accueille le nouveau musée Picasso (à partir de 1988), tandis que celui des Arts de la mode (1986) prend ses quartiers au pavillon Mansart du palais du Louvre. En vigie sur les bords de Seine, l'Institut du monde arabe (1987), signé notamment de l'archi-

---

Emmanuel Thévenon, « La France des musées », *Label France,* janvier 2001.

tecte Jean Nouvel, réunit les plus beaux témoignages d'une civilisation millénaire.

Enfin, le Louvre, fondé en 1793, retrouve sa place de plus grand musée du monde, au terme de travaux titanesques commencés en 1981, sous la direction de l'architecte sino-américain Ieoh Ming Peï. Entrée par la célèbre pyramide de verre, façades restaurées, surfaces d'exposition doublées, éclairage renouvelé... l'écrin est à la hauteur des œuvres exposées. Telle une gigantesque encyclopédie, les collections du Louvre rassemblent plusieurs millénaires d'art à travers le monde, de la civilisation de Sumer aux tableaux romantiques du XIXe siècle, dans une étourdissante concentration de chefs-d'œuvre. Une fois de plus, le public accourt : en 1994, le Louvre reçoit six millions de visiteurs. [...]

La France est surtout quadrillée par des centaines d'écomusées, et de musées d'art et de traditions populaires, qui relatent la vie de nos proches ancêtres. Souvent modestes, parfois spectaculaires, ces «lieux de mémoire» sont toujours émouvants : au Centre historique minier de Lewarde, dans le Nord, la visite de la fosse s'effectue en compagnie d'anciens ouvriers de cette mine, depuis peu à la retraite... [...]

Après un petit passage à vide dans les années 90, la «muséemania» a repris de plus belle. Dans le Nord, s'est ouvert en décembre 2000 le musée d'Art et d'Industrie de Roubaix. Installé dans une ancienne piscine «Art déco» de 1932, il présente une importante collection de textiles du monde entier. Dans le Parc pyrénéen de la préhistoire, créé en 1995 à Tarascon-sur-Ariège, est admirablement reconstituée la grotte de Niaux, l'une des plus belles «cathédrales» françaises de l'art rupestre.

EXERCICES

A Answer the following questions.

1 How many people visit France's museums each year? _____

2 Who was the president of France in the 1980s? _____

3 Who are the guides at the *Centre minier de Lewarde*?

_____

4 In what building is the *musée Picasso* in Paris? _____

5 What can you find in *la Grotte de Niaux*? _____

EXPRESSIONS OF TIME

Il y a means "ago" in phrases like the following.

il y a 20 ans   20 years ago

The construction *Il y a... que* often indicates a continuing action. The verb is in the present tense if the action started in the past and continues in the present.

Il y a trois mois qu'il travaille comme guide.	He has been working as a guide for three months.
Il y a trois semaines qu'ils sont en voyage.	They have been traveling for three weeks.

A prepositional phrase with *depuis* is used in the same way.

Il est à la retraite depuis 3 ans.	He has been retired for three years.
Stéphanie vit à Venise depuis six mois.	Stéphanie has been living in Venice for six months.

A prepositional phrase with *pendant* refers to a completed action in the past.

Stéphanie a vécu à Venise pendant six mois.	Stéphanie lived in Venice for six months.
Elle a fait cuire le pain pendant vingt minutes.	She baked the bread for twenty minutes.

B Translate the following sentences into English.

1 *Il a visité le Louvre il y a six mois.*

_____

2 *Patrick est resté dans la galerie pendant une heure.*

_____

3 *Beaubourg a présenté l'exposition Matisse il y a huit ans.*

_____

4 *Il y a dix ans qu'il habite à Paris.*

_____

5 *Elles vont au musée d'Orsay tous les jeudis depuis cinq ans.*

_____

C Translate the following sentences into French.

1 Chantal and Émile have been making honey for ten years.

_____

2 The *musée de la Mode et du Textile* was closed for renovations for a few years.

_____

3 She has been wearing black silk dresses for years.

_____

4 They bought some ostriches last week.

_____

5 Zola lived in Médan for many years.

_____

Le musée du quai Branly

Une passerelle entre les cultures

Situé en bord de Seine au pied de la tour Eiffel, le musée du quai Branly s'attache à donner la pleine mesure de l'importance des Arts et Civilisations d'Afrique, d'Asie, d'Océanie et des Amériques à la croisée d'influences culturelles, religieuses et historiques multiples. Lieu de dialogue scientifique et artistique, carrefour d'échanges entre le public, les chercheurs, les étudiants ou encore les créateurs contemporains, expositions, spectacles, conférences, ateliers, projections rythment, tout au long de l'année, la vie du musée.

Au cœur de Paris, une nouvelle institution aux multiples facettes

Conçu par l'architecte Jean Nouvel, le musée du quai Branly présente de façon permanente 3 500 œuvres de ce patrimoine universel sur 5 000 m² et consacre également près de 5 000 m² à des expositions temporaires. Le public peut également bénéficier d'un théâtre de 500 places, d'une salle de projection, de plusieurs salles de cours, d'un salon de lecture et d'une médiathèque avec un cabinet de consultation des fonds précieux.

Imaginé par Gilles Clément, planté de 180 arbres et de nombreuses espèces végétales, le jardin est conçu comme un écrin de verdure entourant le musée. Par ailleurs, le mur végétal de Patrick Blanc, chercheur au CNRS, sur la façade du bâtiment administratif « Branly », est composé de 15 000 plantes, soit 150 espèces du monde entier, réparties sur 800 m².

Le bâtiment « Université » témoigne de la place importante réservée à l'art contemporain au musée du quai Branly. Huit artistes aborigènes australiens majeurs ont inscrit sur les plafonds et sa façade la trace de leur vision du monde. En front de Seine, la palissade de verre de 200 mètres de long et de 12 mètres de haut constitue un premier point d'accès au musée et à ses activités.

Préserver et valoriser les collections

D'octobre 2001 à septembre 2004, le chantier des collections a permis le récolement, le traitement, la décontamination, le nettoyage, la restaura-

Avec l'aimable autorisation du musée du quai Branly.

tion, l'informatisation, la prise de vue 2D et 3D et la documentation de l'intégralité des 300 000 œuvres : provenant du laboratoire d'ethnologie du musée de l'Homme et du musée national des Arts d'Afrique et d'Océanie. Ce chantier des collections constitue une première technique et scientifique internationale, exemple pour de nombreux musées aujourd'hui.

Les 3 500 œuvres exposées sur le plateau des collections permanentes sont présentées dans un vaste espace sans cloisons, réparti en grandes « zones » continentales : l'Afrique, l'Asie, l'Océanie et les Amériques. Les œuvres et objets sont accessibles au plus grand nombre grâce à une contextualisation soutenue par différents niveaux d'information : cartels, textes ou multimédias incluant photographies, films et musiques.

En complément du plateau des collections permanentes, 10 expositions temporaires par an, réparties entre les galeries suspendues du plateau des collections et la Galerie Jardin, espace des grandes expositions internationales, permettent de présenter des thématiques de fond tout en donnant à voir la richesse des collections.

Le musée du quai Branly, une nouvelle proposition

Résolument moderne, l'institution articule son offre autour de plusieurs pôles :

- Préservation et valorisation des collections de référence, associées à des présentations temporaires exploitant la diversité des ressources du musée, ou issues de collaborations internationales. Un portail documentaire Internet permet également l'accessibilité à l'ensemble des collections.
- Recherche et enseignement, avec la création d'un pôle de recherche interdisciplinaire. A la fois musée et campus universitaire, le musée du quai Branly met à disposition les outils d'information de sa médiathèque de 230 places. La communauté des chercheurs y bénéficie d'un centre d'étude de premier plan.
- Véritable carrefour des cultures du monde, ouvert au plus grand nombre, le musée du quai Branly propose également une politique de programmation de spectacles vivants dans son théâtre — arts de la scène, théâtre, danse, musique — créant ainsi une véritable cité culturelle des arts extra européens. Enfin, accessible à tous, l'Université populaire du quai Branly ouvre le débat sur des enjeux historiques et contemporains et encourage le dialogue sur les questions liées à l'Autre au travers de ses cycles de conférences.

Le musée du quai Branly pratique

HORAIRES D'OUVERTURE Mardi, mercredi, dimanche : de 11h à 19h · Jeudi, vendredi, samedi : de 11h à 21h · Groupes : de 9h30 à

11h, tous les jours sauf le dimanche · Fermeture hebdomadaire le lundi, sauf durant les petites vacances scolaires (toutes zones confondues)

RENSEIGNEMENTS   Tél : 01 56 61 70 00

RÉSERVATIONS   Fnac : www.fnac.com / 08 92 68 46 94 (0,34 € / min) · Ticketnet : www.ticketnet.fr / 08 92 39 01 00 (0,34 € / min)
Réservations par téléphone : 01 56 61 71 72 du lundi au vendredi ou achat sur place aux caisses du musée

TARIFS   Billet Collections (le plateau des collections, sa mezzanine et ses deux galeries suspendues) : Tarif plein : 8.5 € · Tarif réduit : 6 € (étudiants)
Billet Expositions temporaires (Galerie Jardin) : Tarif plein : 7 € · Tarif réduit : 5 €
Billet jumelé (Billet Collections et Expositions temporaires) : Tarif plein : 10 € · Tarif réduit : 7 € (étudiants)
Tarifs spectacles : Tarif plein : 15 € · Tarif réduit : 10 €
Tarifs spectacles jeune public : Tarif plein : 8 € · Tarif réduit : 6 €
Conférences et débats : Entrée libre
Cinéma : Accès libre et gratuit sur présentation du titre d'accès au musée

TARIF RÉDUIT   Moins de 18 ans, demandeurs d'emploi, bénéficiaires de minima sociaux, grands mutilés de guerre et grands handicapés civils, anciens combattants, personnes handicapées et un accompagnateur (sur présentation d'un justificatif d'invalidité), étudiants, titulaires de la carte « culture », de la carte chercheurs du musée du quai Branly, détenteurs du « Pass du musée du quai Branly », amis du musée du quai Branly.

GRATUITÉ aux collections permanentes et expositions temporaires pour les étudiants de 18–26 ans, enseignants de l'Union européenne, chômeurs, bénéficiaires de minima sociaux, visiteurs handicapés, grands mutilés de guerre et grands handicapés civils, amis du musée, carte « culture », détenteurs du « Pass du musée du quai Branly ». Entrée gratuite pour tous le 1er dimanche de chaque mois.

LES PASS DU MUSÉE donnent un accès illimité à tous les espaces du musée, servent de coupe-file en cas d'affluence, et permettent de bénéficier de réductions sur les spectacles du théâtre et les activités culturelles. Le Pass est disponible pour les jeunes (15 €), pour les adultes en individuel (35 €), ou en duo (50 €), ou encore pour les collectivités (25 €).

ACCÈS PIETONS   L'entrée au musée s'effectue par les 206 et 218 rue de l'Université ou par les 37 quai Branly, Paris 7e. Accès visiteurs handicapés par le 222 rue de l'Université.

TRANSPORTS

Métro : Pont de l'Alma (RER C), Bir Hakeim (ligne 6), Alma-Marceau (ligne 9), Iéna (ligne 9)

Bus : ligne 42 : arrêts La Bourdonnais ou Bosquet-Rapp ; lignes 63, 80, 92 : arrêt Bosquet-Rapp ; ligne 72 : arrêt Musée d'Art Moderne–Palais de Tokyo.

ACCÈS VOITURE Parking payant accessible aux voitures par le 25 quai Branly. La sortie piétons se fait rue de l'Université, à l'orée du jardin. 520 places sur trois niveaux, dont 12 emplacements réservés aux personnes à mobilité réduite.

Contact musée du quai Branly
www.quaibranly.fr

EXERCICES

SOME IDIOMATIC EXPRESSIONS WITH *METTRE*

mettre à disposition	to make available
mettre à jour	to update
mettre à l'abri	to shelter; to take cover
mettre à l'épreuve	to put to the test
mettre à l'index	to exclude, proscribe
mettre à la porte	to expel; to fire from a job
mettre à sac	to ransack
mettre au grand jour	to disclose
mettre au monde	to give birth
mettre au net	to make a neat copy
mettre au point	to develop; to focus (camera)
mettre de l'argent de côté	to put money aside
mettre de l'eau dans son vin	to water down one's wine; to make concessions
mettre deux heures pour...	to take two hours to . . .
mettre du sucre dans son thé	to take one's tea with sugar
mettre du vin en bouteille	to bottle wine
mettre en jeu	to bring into play
mettre en lumière	to reveal; to highlight
mettre en œuvre	to implement
mettre en ordre	to organize, tidy up
mettre en place	to set up
mettre en relief	to highlight, feature
mettre entre guillemets	to put in quotation marks
mettre l'eau à la bouche	to make your mouth water
mettre la charrue avant les bœufs	to put the cart before the horse
mettre la main à la pâte	to lend a hand; to muck in
mettre la main sur quelque chose	to get one's hands on something

mettre la table	to set the table
mettre les petits plats dans les grands	to have a great celebration
mettre les pieds dans le plat	to put one's foot in one's mouth
mettre les points sur les i	to cross one's t's and dot one's i's
mettre quelqu'un au pied du mur	to put someone's back to the wall
mettre quelque chose à la poubelle	to discard something
mettre ses coudes sur la table	to put one's elbows on the table
mettre son chapeau	to wear one's hat
mettre sous clé	to place under lock and key
mettre sous presse	to go to press
mettre une bouteille au frais	to chill a bottle of wine
mettre une lettre à la poste	to mail a letter
se mettre à l'aise	to make oneself comfortable
se mettre à la disposition de quelqu'un	to put oneself at someone's disposal
se mettre à	to begin, start
se mettre au régime	to go on a diet
se mettre d'accord	to agree
se mettre debout	to stand up
se mettre en colère	to become angry
se mettre en marche	to get moving
se mettre sur son trente et un	to be dressed to the nines
y mettre du sien	to try hard; to make some effort
*Quand Vincent a entendu l'histoire, il **s'est mis** à rire.*	When Vincent heard the story, he **started** laughing.
*Ce vin est **mis en bouteille** au Portugal.*	This wine is **bottled** in Portugal.

D Complete the following sentences with an appropriate expression using *mettre*.

1 *Mon voisin a peur de se faire voler donc à la maison il* <u>met tout</u>

_____.

2 *Zoé veut aller en vacances à Tahiti alors elle*

_____.

3 *René a beaucoup grossi mais il a promis de*

_____.

4 *José a des problèmes avec sa patronne et il a peur qu'elle le*

_____.

5 *Tu ne peux pas garder tous ces vieux trucs inutiles.* <u>Mets-les</u>

_____ !

6 *Il commence à pleuvoir, nous devons nous*

_____.

7 *Quand le juge entrera dans la salle, tout le monde devra*

_____.

8 *Avant de manger, il faut* _____.

9 *Calme-toi ! Ce n'est pas la peine de*

_____.

10 *Pour le mariage de leur fille avant-hier, les Gautier*

_____.

E Translate the following sentences using the verb *mettre* and, if necessary, *tu*.

1 Christian put himself at our disposal during the weekend.

_____

2 Take off your shoes! Put yourself at ease!

_____

3 Set the table before our cousins arrive.

_____

4 Léa has updated the information she gave us last month.

_____

5 Marco, you have to try hard if you want to succeed.

_____

MEANINGS OF THE VERB *CONCEVOIR*

Conçu par Jean Nouvel, le musée du quai Branly attire des milliers de visiteurs.
Designed by Jean Nouvel, the Quai Branly museum attracts thousands of visitors.

Cette voiture est mal conçue.
This car **is** badly **designed**.

Notre bébé a été conçu en Italie.
Our baby **was conceived** in Italy.

Voilà comment je conçois la situation.
That's how I **see** the situation.

Ils conçoivent sa déception.
They **understand** his disappointment.

Concevoir is usually followed by the subjunctive. However, when its connotation is *comprendre* ("to think," "to realize"), especially when the thinking is based on facts or when it implies a fact, the indicative is used.

Je n'arrive pas à concevoir que le projet a été annulé.
I can't **believe** the project has been canceled.

Vous concevez sans doute que je suis furieuse contre vous.
You probably **understand** that I am furious with you.

In the following examples, because the connotation of *concevoir* moves a step away from evidence-based thought, the subjunctive is used.

*Maryse ne **conçoit** pas que ces enfants puissent mourir de faim.*	Maryse **finds** it in**comprehensible** that children can die of hunger.
*Bertrand n'arrive pas à **concevoir** que son frère ait adhéré à ce parti.*	Bertrand can't **understand** that his brother joined this party.

F Write the French equivalents of the following sentences, using the verb *concevoir.*

1 Patrick's house is badly designed.

_____

2 Fabrice cannot believe he will be fired before the end of the week.

_____

3 Roland finds it incomprehensible that there is no doctor in this village in Congo.

_____

4 They understand Marie's conflict.

_____

5 The Louvre Pyramid was designed by the architect I. M. Pei.

_____

Les musées ruraux

Musée de la boulangerie rurale

Autrefois le pain était l'aliment de base. On en mangeait jusqu'à 1 kg par jour, par personne. Fruit du labeur des hommes (du paysan au meunier puis au boulanger), le pain était consommé jusqu'à la dernière miette.

Le four à pain de la Haye-de-Routot en Haute-Normandie fut construit en 1845. Son activité, cessée en 1914, a repris depuis sa restauration en 1983 pour les groupes de visiteurs (public d'élèves en majorité) pour le public familial.

En plus des visites commentées, chaque dimanche après-midi, de mars à la fin novembre, le musée offre l'atelier *Main à la pâte* à des groupes de visiteurs.

Les participants découvrent les quatre ingrédients traditionnels qui composent cet aliment indispensable. Puis chacun façonne son « pâton » sous la direction de l'animateur boulanger. Il le range ensuite dans la toile de « couches » afin que la pâte gonfle. Le groupe assiste à l'enfournement des pains et, environ vingt minutes plus tard, au défournement.

C'est l'instant magique où l'on hume le parfum du pain tout chaud, où l'on écoute chanter la croûte qui s'attiédit, avant de serrer sur son cœur tout fier, un pain que l'on dégustera plus tard en famille.

EXERCICES

G Answer the following questions.

1 When was the original oven built? _____

2 Who are the *musée*'s most frequent visitors? _____

3 What is the name of the workshop organized for visitors?

_____

4 How much bread did people eat in the past? Why?

_____

5 How long does it take to bake a loaf of bread? _____

Adapté du site Web http://www.ac-rouen.fr.

H *C'est l'instant magique où l'on hume le parfum du pain.* The French language has many words that relate to the sense of smell. Determine the meaning of the following words and classify them as *plaisant* (P), *déplaisant* (D) or *neutre* (N).

1 _____ effluve

2 _____ émanation

3 _____ odeur

4 _____ arôme

5 _____ empester

6 _____ fragrance

7 _____ bouquet

8 _____ vapeur

9 _____ parfum

10 _____ puer

11 _____ relent

12 _____ senteur

Musée du miel

Chantal et Émile Molès sont apiculteurs à Gramont, petit village au cœur de la Lomagne, pays de Gascogne. Collectionneurs passionnés, ils ont créé un musée dans lequel vous pouvez découvrir l'historique de la ruche avec des modèles de toutes les régions de France, des expositions de ruches du monde, les anciennes techniques de récolte et d'élevage, sans oublier l'explication de l'apiculture moderne et de l'origine des produits de la ruche.

Ils ne collectionnent pas seulement les objets anciens mais aussi les savoir-faire. En plus des miels de la région, ils fabriquent eux-mêmes le pain d'épices traditionnel, les pastilles au miel, le nougat, l'hydromel, le vinaigre d'hydromel, une pâte à tartiner, la cire gaufrée, les bougies et la cire pour meubles.

Le Musée est ouvert au public et offre des tarifs particuliers et de groupes.

EXERCICES

I Answer the following questions.

1 In what province is the museum located? _____

2 Where do bees live? (Give the French term.) _____

3 What products made from honey are sold at the museum?

_____

4 What kind of collection do the owners have? _____

Adapté du site Web http://www.apiculture.com/musee-du-miel.

COLLECTING IN CONTEXT

The appropriate French verb to use for "to collect" depends on the type of crop or thing being gathered.

amasser	de l'argent, des connaissances
butiner	les insectes, en particulier les abeilles, vont de fleur en fleur pour récolter le pollen ou le nectar
collectionner	des objets, des timbres
cueillir	les fleurs, framboises, pommes
glaner	les épis restés sur le sol après la moisson
moissonner	le blé, les denrées céréalières
percevoir	l'argent, les impôts
ramasser	les pommes de terre, feuilles mortes, coquillages
récolter	le blé, les fruits de son travail, des ennuis
recueillir	des renseignements, signatures, suffrages, témoignages
réunir	une assemblée des amis, fonds, preuves
vendanger	le raisin

J Complete the following sentences with the appropriate verb meaning "collect."

1 *Le percepteur a _____ 10 millions d'euros en impôts.*

2 *La candidate n'a pas _____ assez de signatures pour l'élection.*

3 *Hier nous avons _____ des cerises chez ma grand-mère.*

4 *Après la tempête, il a _____ les feuilles mortes.*

5 *Les abeilles _____ le pollen.*

La Maison de l'autruche

Ostrich meat is becoming more and more popular in France as an alternative to beef.

Une visite surprenante, éducative, mémorable. Le seul élevage agréé dans l'Allier qui vous propose de découvrir La Maison de l'autruche. Vous pourrez admirer et apprécier la visite guidée dans un cadre de verdure et vous informer sur les mœurs originales de ces oiseaux coureurs.

L'incertitude, l'attrait de la nouveauté des consommateurs font que la viande d'autruche connaît depuis quelques années un engouement sans cesse croissant.

La maison vous prépare steaks, pavés, sautés, terrines, saucissons et plats cuisinés.

Visite d'avril à septembre de 14h30 à 18h00 samedi, dimanche et jours fériés. Sur rendez-vous hors saison.

―――――――

Adapté du site Web http://www.val-de-sioule.com/autruche.

EXERCICE

K Answer the following questions.

1 What can you buy at the museum?

_____

2 When is the museum open?

_____

3 What is unusual about these birds? _____

4 Why is the Allier region so proud of this ostrich venture?

_____

Les musées urbains

Lyon, capitale des tissus

Succédant au musée d'Art et d'Industrie créé en 1864 par la Chambre de Commerce de Lyon, le musée des Tissus est installé dans l'hôtel de Villeroy, résidence du Gouverneur du Lyonnais au XVIIIᵉ siècle. Ses collections, parmi les plus riches collections textiles du monde, retracent quelque 2000 ans d'histoire du textile. Elles s'intègrent parfaitement au site historique de Lyon, classé Patrimoine Mondial de l'Humanité par l'Unesco.

Au-delà de cette mission de présentation du patrimoine, le musée des Tissus remplit la fonction de véritable pôle de recherche dans le domaine textile grâce notamment à :

- son centre de documentation et sa bibliothèque scientifique, riche de 30 000 ouvrages
- sa banque d'images textiles permettant d'accéder aux archives du musée, constitués de 3 millions de pièces
- son atelier de restauration des textiles anciens équipé des technologies les plus avancées pour la restauration des collections des musées et des collections extérieures

Lieu d'histoire mais aussi espace contemporain de culture, le musée organise des expositions temporaires prestigieuses.

Les ateliers d'enfants invitent à la découverte sensorielle du tissu sous toutes ses formes, introduisant ainsi à l'histoire des civilisations. Sont aussi proposées des conférences et des visites guidées générales ou thématiques.

Enfin, dans un environnement accueillant, la boutique propose aux visiteurs, outre une vaste documentation sur le textile et les arts décoratifs, des soieries et imprimés divers, reproductions de documents anciens réalisés, pour la plupart, à partir des collections des musées.

Adapté du site Web www.musee-des-tissus.com.

EXERCICES

L Answer the following questions.

1 What does the museum offer visitors? _____

2 In what way is the museum useful to researchers and designers?

_____

3 How could the curator of a castle use this museum's services?

_____

4 What kind of workshops are offered to children?

_____

5 What does the museum's boutique offer for sale?

_____

COGNATES

In the area of textiles and fabric, French and English share many cognates.

le coton	cotton
la soie	silk
le nylon	nylon
la rayonne	rayon
la toile	canvas
le taffetas	taffeta
le tissu-éponge	terry cloth
la mousseline	muslin
le voile	voile (a soft, sheer fabric)
la laine	wool
le lin	linen
le chanvre	hemp
la maille polaire	fleece
le tergal	polyester
le satin	satin
le cuir	leather
le daim	suede

M Complete the following sentences with the name of the correct fabric.

1 *Mon T-shirt est en pur _____.*

2 *Ses belles cravates sont toutes en _____.*

3 *Les chaussures de ville de Jean sont en _____ d'Italie.*

4 *Tous ses pull-overs sont en _____ vierge.*

5 *Les serviettes de bain sont en _____.*

Un musée à la mode

Installé depuis janvier 1997 dans l'aile de Rohan du Louvre, le musée de la Mode et du Textile possède une des trois plus importantes collections du monde avec celle de Londres et New York. Qu'elle défile dans les souterrains du Carrousel ou s'expose dans les vitrines, la mode épanouit un quartier en pleine mutation.

Devenu le plus grand musée d'Europe, le Louvre ne se contente pas d'exhiber une foison d'antiquités, de sculptures et de toiles de maîtres. En janvier 1997, la réouverture du musée de la Mode et du Textile—et celle, prochaine, du musée des Arts décoratifs—y a révélé ce qui fut et reste une excellence française : le savoir-faire de ses artisans. [...]

La mode française, qui cherchait un lieu prestigieux où présenter ses collections, s'enthousiasma pour le Louvre et, chaque année durant douze ans, deux mille journalistes s'entassèrent dans la Cour carrée. Mais bientôt, dans le sous-sol du Louvre, naissaient 25 000 mètres carrés à vocation marchande et culturelle : la galerie du Carrousel accueille aussi bien la Comédie française que Lalique ou le disquaire Virgin. Depuis quelques années, beaucoup de couturiers oublient les lambris des palaces pour y présenter, dans quatre salles à gradins, ces quelque cent collections annuelles qui font de Paris la capitale de la mode.

Ce contexte éclaire le déménagement du musée de la Mode et du Textile de l'aile de Marsan vers celle de Rohan, libérée par le ministère des Finances—et plus proche du Carrousel. Voilà près d'un siècle que l'État subventionne cet établissement privé en le logeant au Louvre. En retour de quoi ses organismes fondateurs (l'Union centrale des Arts décoratifs et l'Union française des arts du costume) l'ont institué propriétaire de leurs riches collections (81 000 pièces de costumes et d'accessoires du XVIIe siècle à nos jours, mais aussi 45 000 estampes, gravures et dessins originaux), constituées au hasard des donations, pour le pire (aucun vêtement d'Yves Saint Laurent) comme pour le meilleur : Elsa Schiaparelli offrit 88 robes, Balenciaga 74...

Jusque-là, ces trésors dormaient, faute d'espace pour les exposer. Négligé par les touristes, le musée de la Mode tentait d'attirer les Parisiens au moyen d'expositions temporaires. Sa vaste surface—44 000 mètres carrés sur trois étages—lui permet aujourd'hui d'exposer en toute saison un centième de son fonds, par un système de rotation qui assortit deux fois par an les vitrines à un thème. [...]

Le visiteur qui se croit entré dans un temple du colifichet sera dérouté par la pénombre du musée, où toute la lumière semble réservée aux vitrines, conçues comme autant de « petits théâtres successifs » : autour de vêtements sobrement mis en scène (sur des mannequins sans tête), vidéos et panneaux expliquent comment toute mode est un ins-

Jacques Brunel, « Un musée à la mode », *Label France*, juillet 1997.

tantané de son époque. Agrandie et décorée sobrement par Sylvain Dubuisson dans des tons de bois clair, la boutique-librairie du musée complète cette information avec un choix pointu d'ouvrages, de rééditions d'objets et d'éditions de créateurs (Isabel Canovas, Lydia Fasoli...). [...]

La mode brille au Grand Louvre. Et le quartier devient à la mode. Sous les colonnades de la cour Napoléon, la terrasse du Café de Marly est aujourd'hui la plus courue de Paris (surtout durant les collections). Olivier Gagnère, l'architecte du moment, a changé cet ancien appartement lambrissé du ministre des Finances en une sorte de palais crétois lie-de-vin, dont l'atmosphère élégante et chaleureuse n'est pas sans évoquer le Harry's Bar de Venise. À deux pas de là, l'on se bouscule rue Saint-Honoré, où le géant Shiseido a racheté les salons Carita : suite à l'arrivée du couturier Ermenegildo Zegna, Gucci a refait sa boutique et Gianni Versace a agrandi la sienne. Le rêve de mettre le Louvre en perspective avec les Champs-Élysées est en passe de se réaliser...

EXERCICES

N Answer the following questions.

1 What is unusual about the mannequins in this museum?

2 What is the name of Europe's largest museum? _____

3 When did *le Musée de la Mode et du Textile* reopen? _____

4 Does the museum have a bookstore? _____

5 What parts of the museum are the most brightly lit?

VERBS FROM ADJECTIVES

Many French verbs are based on adjectives and mean "to transform into" + adjective.

Il a agrandi sa boutique.   He made his store larger.
Elle a raccourci sa jupe.   She shortened her dress.

O Give the English equivalent for the following verbs.

1 *blanchir*   _____

2 *refroidir*   _____

3 *rougir*   _____

4 *verdir*   _____

5 *rafraîchir*   _____

6 *rallonger* _____

7 *élargir* _____

8 *aplatir* _____

9 *vieillir* _____

10 *réchauffer* _____

Les maisons d'artistes

Museums are not only homes for art, costumes, and fabric; they are also homes for the spirit. In France, you can visit several homes where writers lived or composed major works.

À la rencontre des maisons des écrivains

« La maison, plus encore que le paysage, est un état d'âme. » Cette phrase du philosophe Gaston Bachelard nous rappelle que les maisons d'écrivains ne sont pas seulement ancrées dans la réalité — une région, une époque, des meubles, des objets personnels — mais aussi dans notre imaginaire, notre culture et notre mémoire. [...]

On estime à 120 environ le nombre de maisons d'écrivains au sens strict, c'est-à-dire de maisons où ont vécu des écrivains. Mais si l'on étend cette notion à celle de site littéraire, en incluant les bibliothèques ou les musées consacrés aux écrivains, on arrive à 265. Cette profusion va de pair avec une grande diversité des lieux et des statuts. Certaines maisons sont privées et gérées par des individus ou des associations, et d'autres publiques. [...]

À tout seigneur, tout honneur : commençons par le musée Victor Hugo. Cet hôtel particulier du XVIIe siècle est situé au cœur de Paris, place des Vosges. Le poète s'y installe en pleine gloire, en 1832. Il y restera vingt-six ans, avec femme et enfants. Ici, il écrira ses grands drames et recevra l'élite romantique. Comme à Hauteville House, la maison qu'il occupera durant son exil dans l'île anglo-normande de Guernesey, Hugo y laisse libre cours à son goût de la brocante et du Moyen Âge.

La disposition des appartements a changé et les meubles ont été dispersés, mais dans le musée, ouvert en 1903 et restauré en 1983, on retrouve une atmosphère hugolienne, grâce à la reconstitution du décor qu'il inventa pour sa maîtresse Juliette Drouet et à celui de sa dernière chambre, avenue... Victor Hugo. [...]

Toujours à Paris, mais cette fois dans le quartier de Passy, la maison de l'autre géant de la littérature du XIXe siècle, Honoré de Balzac. La comparaison est édifiante. D'un côté, un poète auréolé de gloire, de l'autre, un romancier criblé de dettes, poursuivi par ses débiteurs. Curieusement bâti sur deux niveaux, ce charmant pavillon permet à Bal-

Adapté de Évelyne Bloch-Dano, « À la rencontre des maisons d'écrivains », *Label France,* avril 2001.

zac, logeant sous un faux nom, de leur échapper par la porte arrière qui donne sur une ruelle en contrebas.

Dans son cabinet de travail, il écrit toute la nuit, le dos tourné à la fenêtre. La petite table, la cafetière nous rappellent l'immense labeur de l'auteur de *La Comédie humaine*. La bibliothèque possède un fonds très riche, en particulier de journaux et de revues de l'époque. Et le jardin permet de rêver au temps où ce coin de Paris était encore à la campagne. [...]

Le château de Nohant appartient depuis 1952 à la Caisse des monuments historiques. Ouvert depuis 1961 au public, il vient d'être restauré. Les visiteurs affectionnent cette demeure romantique où vécut George Sand, et que fréquentèrent Alfred de Musset, Frédéric Chopin, Franz Liszt, Eugène Delacroix et tant d'autres invités prestigieux. Nohant est l'archétype de la maison d'écrivain, au sens traditionnel du terme. Le caractère intimiste des reconstitutions, la vie mouvementée de George Sand, sa personnalité si riche font que le pèlerinage à Nohant, au cœur de ce Berry qu'elle aimait tant, prend une tonalité romanesque à laquelle contribuent le Festival Chopin et les Fêtes romantiques. [...]

Maison à transformations, maison-musée, maison-livre : la demeure de Pierre Loti à Rochefort, en Charente-Maritime, est l'une des plus étonnantes. De cette maison de famille, austère et bourgeoise, le romancier officier de marine va faire un perpétuel théâtre, y projetant ses rêves, ses délires, ses nostalgies. Les décors se succèdent, empruntant au Moyen Âge, à la Turquie, à la Chine, au Japon meubles et tentures, à l'image de ces déguisements qu'il aimait tant porter lui-même. Il y organisait des fêtes somptueuses, mais y vécut dans une cellule monacale, qui nous livre un peu de la vérité de ce *« cœur plus changeant qu'un ciel d'équinoxe »*. [...]

Dernière étape : la maison d'Émile Zola à Médan, au bord de la Seine. Achetée grâce au succès de son roman *L'Assommoir,* elle apparaît comme un concentré du rapport que peut entretenir l'écrivain avec sa maison. Zola en est le concepteur et l'architecte. Elle grandit au fil de ses livres, le pavillon initial s'enrichissant d'une tour *« Nana »*, puis d'une tour *« Germinal »*. Le romancier y écrit au calme, mais y reçoit aussi ses amis : lieu de retraite, de création mais également de convivialité, en pleine nature mais à proximité de Paris, elle reflète ses goûts et sa personnalité, son esthétique et son mode de vie. Un important projet de restauration est en cours, à l'initiative de son mécène, Pierre Bergé.

Il faudrait en citer tant d'autres ! Depuis quelques années, un grand nombre d'entre elles bénéficient d'une politique de restauration et d'animation qui en fait des pôles d'attraction drainant plusieurs milliers de visiteurs par an. Elles se dotent de centres de recherche, de bibliothèques, de sites internet, de boutiques ou de salons de thé —conjuguant vocation littéraire et touristique.

Une véritable réflexion muséographique est menée, afin d'améliorer la mise en valeur des collections. Quant à l'animation, tournée à la fois vers les scolaires et le public adulte, elle s'enrichit de spectacles, de conférences, de colloques, de parcours littéraires, de classes de lecture.

On le voit, les maisons d'écrivains sont un domaine en pleine mutation. Souhaitons seulement qu'elles ne perdent pas leur âme, aussi fragile que le papier...

EXERCICES

P Answer the following questions.

1 How many writers' houses, strictly speaking, can one find in France? Are they all privately owned? _____

2 When Victor Hugo was in exile, where did he live? _____

3 Who was Victor Hugo's long-time mistress? _____

4 Why did Balzac not give his real name to his landlord?

_____

5 In what region of France did Pierre Loti live? _____

6 How was Zola able to buy his house?

_____

THE PRONOUN *Y*

The pronoun *y* has two main functions:

* as a pronoun of location meaning "there"

  *Le poète s'installe **dans l'hôtel particulier**.*
  *Il s'**y** installe.*

  *Pierre Loti vécut de nombreuses années **dans cette maison**.*
  *Il **y** vécut de nombreuses années.*

* as an indirect object pronoun (when a verb takes the preposition *à*, *y* is the pronoun that replaces the *à* phrase)

  *Elle s'était accoutumée **à la vie à la campagne**.*
  *Elle s'**y** était accoutumée.*

  *Il s'abonnait **à une revue littéraire**.*
  *Il s'**y** abonnait.*

Q Rewrite the following sentences using the pronoun *y* to replace the phrase set in bold type.

1 *Alfred de Musset s'était habitué* **à vivre dans ce quartier.**

---

2 *George Sand demeurait* **dans une belle maison.**

---

3 *Balzac s'intéressait* **à la société parisienne.**

---

4 *Peu d'écrivains ont échappé* **aux difficultés financières.**

---

5 *Zola acheta une maison* **au bord de la Seine.**

Musée de Montmartre

Situé en plein cœur du vieux village de Montmartre, ce musée très spécifique revêt un charme et un intérêt particulier dûs aux collections et documents qu'il contient, aux bâtiments eux-mêmes, et au jardin qui les entoure. La maison principale, dite « Maison de Rosimond », du nom d'un célèbre acteur de la troupe de Molière, a gardé l'aspect champêtre et pittoresque des résidences campagnardes du XVIIᵉ siècle. Elle abrita des artistes de grand renom, notamment Pierre Auguste Renoir, Maurice Utrillo, Suzanne Valadon, Raoul Dufy, Erik Satie, Léon Bloy, Émile Bernard et Francisque Poulbot.

Des expositions temporaires y ont lieu, plus particulièrement consacrées à des artistes de toutes disciplines ayant vécu à Montmartre, ou y ayant créé la majeure partie de leur œuvre. Le musée abrite également un Centre culturel qui se réunit régulièrement autour de personnalités appartenant au monde des arts et des lettres pour des conférences et des concerts.

Adapté du site Web www.museedemontmartre.fr.

EXERCICE

R Answer the following questions.

1 Does the museum exhibit only paintings? _____

2 In which area of Paris is the museum located? _____

3 Does the museum have a garden? _____

4 What other events are offered by the museum? _____

5 Who was Rosimond? _____

Le Paris des jardins

À l'approche de l'été, on redécouvre que Paris est l'une des capitales les plus riches en matière de patrimoine vert. Outre les créations paysagères résolument contemporaines qui sont encouragées à travers toute la ville, une visite s'impose dans ses jardins célèbres ou secrets qui promettent au citadin d'heureuses surprises. [...]

Dans chaque jardin de Paris, les habitués se retrouvent chez eux. Car d'un jardin à l'autre, d'un square contemporain à un parc chargé d'histoire, il y a des coutumes à respecter. Si la mairie de Paris souhaite que chaque Parisien *« puisse disposer d'un espace vert à 500 mètres — au plus — de chez lui »*, il faut qu'il s'y sente bien. Priorité est donnée aux enfants, bien sûr. Selon la surface dont elle dispose, la Mairie — ou l'État — installe des jeux, entretient des théâtres de marionnettes, garde quelques poneys, fait tourner des manèges et conserve des stands de bonbons. Les amoureux ont leurs bancs — de préférence en bois peint et en fonte. Les joueurs de pétanque ont leurs terrains de boules et les amateurs de musique leurs kiosques.

« Le jardin doit être convivial », répète Françoise de Panafieu. Mais il doit aussi savoir rester secret et laisser place à la rêverie. Endroits de charme et de découvertes, ils recèlent tous des trésors. Le curieux n'a que l'embarras du choix entre les ruches et les deux cents variétés de poiriers du jardin du Luxembourg (VIe), la ménagerie et le labyrinthe du XVIe siècle au jardin des Plantes (Ve), les sculptures dans le jardin du musée Rodin (VIIe), les terrains de tennis du jardin Atlantique (XIVe) derrière la gare Montparnasse, les collections de roses anciennes et de pivoines dans le parc de Bagatelle (XVIe), les camélias et les iris au Parc floral (XIIe) ou les orchidées des Serres d'Auteuil (XVIe). Sans oublier les tombes romantiques envahies par la végétation au cimetière du Père-Lachaise (XXe), les quatre-vingts espèces de plantes odoriférantes du Parc Georges-Brassens (XVe), les vignes de la butte Montmartre (XVIIIe), le plus vieil arbre de la ville — planté en 1601 — du square René-Viviani (Ve), le théâtre de verdure du jardin Shakespeare au centre du pré Catelan (XVIe), le potager du parc de Bercy (XIIe) et le sous-marin du parc de La Villette (XIXe).

Si chaque résident reste, en général, fidèle au square de son quartier, l'amateur éclairé devient, quant à lui, beaucoup plus exigeant. Les espaces verts ne sont plus seulement des poumons d'air frais mais des

Isabelle Spaak, « Le Paris des jardins », *Label France,* juillet 1997.

lieux à explorer. L'augmentation phénoménale des visites guidées organisées par la direction des parcs, jardins et espaces verts de Paris, le prouve aisément. Elles ont mobilisé plus de 26 000 adeptes en 1996 alors qu'elles n'en comptaient que 500 en 1987. Leur succès est tel qu'on trouve maintenant au programme des conférences et projections pour meubler l'hiver et des circuits aménagés pour les mal-voyants.

Anecdotes historiques, styles ou architecture mais aussi vertus des plantes médicinales ou aromatiques, culture des fruits et légumes ou collections de plantes rares : autant de sujets qui passionnent, en ce moment, les fous de jardinage et qui leur permettent de gérer leur frustration quand ils ne peuvent avoir accès aux endroits privés—jardins de congrégations religieuses, de ministères ou de particuliers—, qui font encore partie des mystères de Paris.

Et pour ceux qui douteraient encore de la nécessité de réhabiliter la nature au cœur de la cité, il suffit de traverser le XIIᵉ arrondissement à pied. Grâce à la promenade plantée, installée, parcelle par parcelle, depuis 1988, sur le viaduc soutenant l'ancienne voie ferrée qui reliait la place de la Bastille au bois de Vincennes, les piétons cheminent sur plus de quatre kilomètres entre des saules, des noisetiers, des lavandes, des bouquets de rosiers, des cerisiers en fleurs, du chèvrefeuille et de la glycine. À près de sept mètres au-dessus des voitures, on se laisse aller à oublier, un peu, la rumeur de la ville.

EXERCICES

S Answer the following questions.

1 What unusual feature does the Montmartre garden have?

_____

2 What is the name of the most famous cemetery mentioned in the selection?

_____

3 According to Françoise de Panafieu, what key attribute must a garden have?

_____

4 In which garden can one find beehives? _____

5 What is grown in *le parc de Bercy*? _____

VERBAL PREFIXES

The selection contains several verbs with prefixes.

retrouver	to find again, to join
découvrir	to discover
redécouvrir	to rediscover
réhabiliter	to rehabilitate

Knowing common French prefixes can help you guess at the meaning of an unfamiliar word.

a-, an-	without
ab-	away from
co-, com-, con-	with
dé-, dés-	not
ex-	out
post-	after
pré-	before
re-, ré-	again, back
sub-	under
trans-	beyond

T Add the prefix *re-* to the following verbs, then give their English equivalents.

1 *faire* _____ _____

2 *dire* _____ _____

3 *boucher* _____ _____

4 *composer* _____ _____

5 *construire* _____ _____

6 *convertir* _____ _____

7 *commencer* _____ _____

8 *lancer* _____ _____

9 *vendre* _____ _____

10 *voir* _____ _____

Emmène-moi
au bout du monde

Un voyage d'affaires

Organisez votre séminaire à l'hôtel Fabrizio. Notre hôtel vénitien, situé à deux pas du *Pont des soupirs*,* allie charme et confort. Les quatre-vingts chambres, dont quinze suites, sont toutes équipées des dernières avancées technologiques : insonorisation, climatisation, télévision, satellite, accès Internet à haut débit, wi-fi, mini-bar et coffre-fort individuel. Les deux salles de réunion, d'une capacité d'accueil de 300 personnes dont l'espace est modulable, sont munies d'équipement high tech. Après le travail, vous avez le choix entre le bar aux fauteuils en cuir et canapés moelleux ou une salle de remise en forme.

EXERCICE

A Answer the following questions.

1 What is the name of the famous bridge in Venice? _____

2 How many rooms does the hotel have? _____

3 Would this hotel attract athletic clients?

_____

4 What are the armchairs made of? _____

5 How far is the hotel from the famous bridge? _____

---

*On donna ce nom au pont au XVIIe siècle car les prisonniers emmenés des tribunaux aux prisons, soupiraient en passant dessous, alors qu'ils quittaient la lagune, sachant qu'ils ne reverraient sans doute jamais plus la lumière du soleil.

L'Orient-Express

Et pour se rendre à un séminaire à Venise, pourquoi ne pas prendre l'Orient-Express ? S'il y a un train qui enflamma l'imagination des plus grands écrivains et cinéastes, c'est bien celui-là. D'Agatha Christie à Graham Green, d'Alfred Hitchcock à Sidney Lumet, nombreux furent les artistes qui élirent le fameux train comme décor de leur œuvre.

La Compagnie des Wagons-Lits

C'est en 1872, lors d'un voyage aux États-Unis, qu'inspiré par les frères Pullman, Georges Nagelmackers décide de créer la « Compagnie Internationale des Wagons-Lits » (CIWL).

Il est belge et il a 27 ans. Pour l'emporter sur Pullman qui tente alors de conquérir le marché européen, Nagelmackers a une idée de génie : ses trains seront non seulement les plus confortables et les plus luxueux, mais ils franchiront allègrement les frontières de l'Europe entière.

En 1884, la Compagnie devient « Compagnie Internationale des Wagons-Lits et des Grands Express Européens ». En 1886, elle décroche l'organisation des voyages officiels pour la plupart des cours royales européennes. Le prestige de la Compagnie devient international et le monogramme de la Compagnie, les deux lions tenant le WL entrelacé, devient un symbole de luxe et de savoir-vivre.

Suit un âge d'or, une période de prospérité pendant laquelle s'est forgé un mythe, mélange d'aventure humaine dans un environnement luxueux et de performances technologiques. Chaque année, de nouveaux trains sont créés, ouvrant de nouveaux horizons en Europe, Asie, ou au Moyen-Orient ; chaque nom de ces trains devenant une légende : Orient-Express, Étoile du Nord, Train Bleu, Flèche d'Or... Un siècle plus tard, ces mythes sont toujours vivants.

En 1914, premier sérieux coup de frein : pendant la Grande Guerre, les voitures sont réquisitionnées par les Allemands, mais le trafic reprend dès la fin des hostilités. En 1918, le gouvernement bolchevique nationalise les biens de CIWL (161 voitures, des hôtels, des ateliers...).

Dans les années 20, les trains atteignent un niveau de confort et de luxe incomparable et dès 1922, le bleu et l'or deviennent les deux couleurs officielles de la Compagnie.

Avec l'aimable autorisation de la Compagnie des Wagons-Lits (site Web www .orient-express.com).

Dans les années 30, ce sont environ 4 000 luxueuses voitures CIWL qui sillonnent l'Europe quotidiennement, des centaines d'agences de voyages sont ouvertes et la Compagnie est présente dans plus de 60 pays.

Après la deuxième guerre, la Compagnie se diversifie et devient vite un géant de l'hôtellerie, des agences de voyages et de la restauration. Son nouveau nom en 1967 reflète cette évolution d'activité : « Compagnie Internationale des Wagons-Lits et du Tourisme ».

En 1990, Paul Dubrule et Gérard Pélisson, présidents et co-fondateurs du groupe Accor, s'intéressent à la CIWLT. Sensibles au fait que ses activités s'inscrivent dans l'univers du loisir et du luxe, ils décident d'acquérir la Compagnie. C'est ainsi que celle-ci va rejoindre le leader mondial de l'hôtellerie et du voyage.

Aujourd'hui, à travers ses catalogues de cadeaux et reproductions d'époque, Wagons-Lits Diffusion a pour mission de faire perdurer cette tradition du luxe et du rêve, répondant ainsi à un regain d'intérêt du public pour le mythe de l'Orient-Express, du Train Bleu et de la Belle Époque.

L'Orient-Express

De nombreux Express de la CIWL sont encore associés à des mythes précis. Si le Train Bleu était l'Express le plus chic et le favori de la jet-set, le Golden Arrow le plus luxueux des trains de jour, le Transsibérien à l'origine d'une aventure humaine unique, ou le Nord Express le plus rapide, l'Orient-Express reste le train le plus mythique de la CIWL.

Depuis sa création par la CIWL en 1883, l'Orient-Express est devenu bien plus qu'un moyen de transport extraordinaire. Il reflète de nombreux fantasmes, aux nombres desquels figurent le luxe, le mystère, la volupté, l'aventure... Revivez les événements ci-après dans ce qui était alors le plus luxueux des microcosmes :

1883 : Départ du premier Express d'Orient reliant Paris à Constantinople (Istanbul). Sur cette première ligne, le transfert entre Varna et Constantinople s'effectue en bateau. Il s'agit du premier voyage officiel sur un des Express de la Compagnie des Wagons-Lits. Il est conseillé aux passagers de prendre leurs pistolets, au cas où...

1889 : Départ du premier Express d'Orient direct Paris-Constantinople, sans changement de train. Le trajet dure environ 70 heures, et passe par les villes suivantes : Strasbourg, Munich, Vienne, Budapest et Bucarest.

1891 : Le train devient officiellement l'Orient-Express.

1891 : Le train est attaqué par des pillards. Butin de l'opération 120.000 £ (incluant une rançon pour 5 otages).

1892 : Le train est mis en quarantaine à cause d'une épidémie de choléra survenue à bord.

1894 : La Compagnie des Wagons-Lits ouvre, pour les passagers de l'Orient-Express, plusieurs hôtels de luxe à Constantinople, dont le fameux Pera Palace.

1906 : La ligne Simplon Express est créée grâce à l'ouverture du tunnel du Simplon.

1914 : La Grande Guerre interrompt les opérations et les voitures sont réquisitionnées par les Allemands.

1917 : Une des passagères les plus assidues de l'Orient-Express est fusillée par l'armée française : il s'agit de Mata Hari, convaincue d'espionnage au profit des Allemands.

1919 : Le Simplon Orient-Express redémarre. Il traverse la Suisse, l'Italie, la Yougoslavie, la Bulgarie et la Turquie.

1921 : La ligne originale de l'Orient-Express est rouverte.

1924 : Une nouvelle extension, l'Arlberg Orient-Express est ouverte, traversant notamment la Suisse.

1929 : L'Orient-Express est bloqué par la neige en Turquie. Les passagers devront chasser et manger des loups pour survivre. Le train aura 5 jours de retard, un record encore à battre, qui inspirera Agatha Christie.

1930 : Une nouvelle extension, le Taurus-Express, passant par Téhéran, Bagdad et Le Caire est ouverte. Dans un deuxième temps, cette ligne reliera l'Inde et Bombay.

1931 : L'Orient-Express est pris d'assaut par des terroristes : bilan 20 morts.

1939 : Dû à la guerre, la plupart des opérations cessent.

1945 : Plusieurs lignes sont rouvertes, mais le matériel a beaucoup souffert de la guerre.

1962 : Fin du Simplon Orient-Express qui est remplacé par le Direct Orient-Express. Petit à petit, le trafic des voitures de luxe diminue.

1977 : Dernier trajet du Direct-Orient.

Quelques-uns des livres et films les plus connus à bord de l'Orient-Express

Maurice Dekobra écrit « La Madone des Sleepings ».

Graham Green écrit « Orient-Express » en 1932.

Agatha Christie écrit « Meurtre sur l'Orient-Express » en 1934.

Hitchcock, avec « Une Femme Disparaît » en 1938, tourne le premier film d'importance à bord de l'Orient-Express.

James Bond prend l'Orient-Express en 1963, avec « Bons Baisers de Russie ».

« Meurtre sur l'Orient-Express » de Sidney Lumet a été tournée en 1974.

Sherlock Holmes est un cocaïnomane avec « la Solution à Sept Pour Cent » en 1979.

EXERCICES

B Answer the following questions.

1 How did the passengers survive when the train was snowbound for five days in 1929? _____

2 On the very first trip in 1883, what advice were the passengers given?

_____

3 What are the official colors of the train? _____

4 Who was the founder of the Orient-Express? _____

5 What event helped create the Simplon Express line in 1906?

_____

C In this selection, « *un sérieux coup de frein* » in the passenger service of *l'Orient-Express* occurs in 1914 because of the war. *Un frein* is a brake, and *un coup de frein* here is a curb in luxury services. French has a large number of phrases using *coup*. Write the English equivalent of the following phrases, consulting a dictionary if necessary.

1 *coup de téléphone* _____

2 *coup de foudre* _____

3 *coup de tonnerre* _____

4 *coup de soleil* _____

5 *coup de théâtre* _____

6 *coup d'État* _____

7 *coup de grâce* _____

8 *coup de balai* _____

9 *coup de main* _____

10 *coup d'œil* _____

11 *coup de pied* _____

12 *coup de peigne* _____

13 *coup de marteau* _____

14 *coup médiatique* _____

15 *coup monté* _____

16 *coup de tête* _____

17 *coup de folie* _____

18 *coup de chance* _____

19 *coup de veine* _____

20 *coup de pot* _____

EXPRESSIONS WITH FIERY CONNOTATIONS

French discourse is delivered with much emotion. We'll list some metaphorical expressions, catch phrases, and proverbs—all with fiery connotations. But first, some roots.

ROOT	EXAMPLES
ard-	*ardent, ardeur*
cen-	*cendre, cendrier, encens, encensoir, incendier*
combust-	*combustible, combustion*
bras-	*brasier, braser, embraser, brasero*

L'Orient-Express enflamma l'imagination des plus grands écrivains.
Ses déclarations ont enflammé son auditoire.
Il ne montre guère d'ardeur au travail.
Ses cendres ont été transférées au Panthéon.
À ses mots, les esprits se sont embrasés.
Sa remarque au vitriol n'a fait que jeter de l'huile sur le feu.
Feu le Président a laissé une marque glorieuse.
Le tout premier voyage était le baptême du feu.
Il n'y a pas de fumée sans feu.
Vous avez du feu ?
Il n'y a pas le feu.
Il était pris entre deux feux.
Après avoir mangé un piment, il avait la bouche en feu.
Son voisin est accusé d'avoir mis le feu au garage.
Cette actrice est toujours sous les feux des projecteurs.
Doucement, doucement ! Il n'y a pas le feu.
Il a reçu un procès-verbal pour avoir brûlé un feu.

D Complete the sentences in the first column by choosing the correct word from the second column.

1 _____ *Il brûle d'un amour _____.*   a *incendié*

2 _____ *Elle a _____ l'immeuble.*   b *embrassée*

3 _____ *La _____ a brûlé toute la nuit.*   c *cendrier*

4 _____ *Il l'a _____ tendrement.*   d *ardent*

5 _____ *Veuillez éteindre votre cigarette dans le _____.*   e *bougie*

Un tour en montgolfière

Vous préférez les espaces plus élevés? Allons donc faire un tour en montgolfière. Une véritable invitation au voyage.

Bien qu'elle soit le premier objet avec lequel l'homme se soit élevé dans les airs (en 1783), la montgolfière en tant que sport est une activité récente, d'à peine un siècle, redécouverte par les États-Unis et réintroduite en France par les Anglais dans les années 1970. D'aspect quasiment inchangé depuis deux siècles, le ballon évolue toutefois avec son temps, s'adaptant aux nouveaux matériaux et répondant aux exigences croissantes de sécurité et de maniabilité. Et pourtant le principe est resté le même, une bulle d'air chaud dans une immensité d'air froid. [...]

La montgolfière est un excellent moyen de s'évader, de sortir de ses habitudes pour prendre le temps d'apprécier un instant privilégié: le vol. Formidable retour à la nature, comme tout sport en plein air, elle est un ressourcement essentiel pour tout aéronaute. À la fois divertissement festif et jeu ludique, le ballon a tout pour amener le sourire et la bonne humeur, pour mettre en confiance et en communion avec les autres, ceux qui sont proches comme ceux que le hasard du vent amène à rencontrer. En ce sens, faire du ballon n'est pas seulement une affaire de plaisir solitaire, malgré la distance avec le sol qui s'instaure en vol. Faire du ballon est une invitation à partager, partager avec ceux que l'on aime, partager avec ceux qui observent d'en bas, aller au-devant des autres pour faire connaître le bonheur que l'on éprouve. Le bonheur commence par la découverte, par le hasard des rencontres, par l'aventure qui sans cesse se renouvelle. Contrairement au monde vécu au sol, fait de routine et d'habitudes, un vol en ballon est toujours différent. [...] Car ce n'est pas l'homme qui prend l'air, c'est l'air qui prend l'homme. Le vent imprime une trajectoire avec laquelle l'homme à bord doit composer, en ressentant au mieux son ballon, en dialoguant avec lui, avec calme et sérénité.

La montgolfière flirte avec l'invisible, elle révèle à l'homme cet élément si subtil et si imprévisible qu'est l'air. Seule son inertie va guider le pilote sur les orientations qui lui sont offertes, à lui de se fixer un objectif en cohérence avec le mouvement (qu'il ne maîtrise pas) et d'y parvenir au plus juste. La montgolfière ne trace pas la voie, elle ne lui impose rien d'autre que d'être en éveil, d'ouvrir ses sens sans les influencer,

Synthèse du mémoire de Matthieu Geoffray (matthieugeoffray@yahoo.fr).

d'éprouver la fadeur du monde (dans le sens taoïste, sans jugement de valeur) pour revenir à sa simplicité, à cet état où il était avant que l'homme ne lui donne sens. Voler en ballon, c'est effectivement voir un paysage, sentir des odeurs, entendre des bruits, mais aucun ne s'imprime en particulier, tout se mélange dans un tohu-bohu insensible à l'analyse. Le pilote n'entend pas les brûleurs, il incorpore son ballon, devenu simple médiateur de mouvement. Il n'a plus qu'à ressentir, à s'observer dans le monde, à se sentir en équilibre avec son ballon et avec l'air pour composer avec les éléments et comprendre le potentiel de ses actes : leur influence à long terme et leur efficacité toute relative.

L'aéronaute acquiert ainsi une expérience en l'air qu'il va être amené à reproduire sur terre. En apprenant à se décider, à anticiper, à se laisser porter en gardant le danger à distance, il se forge un caractère, il développe une philosophie de vie qu'il va essayer de transmettre autour de lui. Chacun sa voie, on peut aussi bien apprendre en ne faisant que du vol libre, en multipliant les vols commerciaux ou en rentrant dans un esprit compétitif. Une forme en particulier pouvant nuire à certains principes (professionnalisation et liberté par exemple), seul le vol libre permet de suivre l'ensemble des principes sans en négliger un. Mais quoi qu'il en soit, tout pilote est animé par la volonté de partager l'enseignement qu'il a tiré de ce maître muet et impassible qu'est le ballon. Le partager avec les autres disciples, se regrouper ainsi par affinités, ou le partager avec ceux qui n'ont pas encore eu le loisir de l'apprécier, transmettre son apprentissage : c'est un des objectifs que se donne le monde du ballon pour faire valoir sa place dans le ciel.

EXERCICES

E *Un tour en montgolfière* appeals to all our senses. Find sensory expressions in the text and write them below in the appropriate category.

1 *le toucher* (touch) _____

_____

2 *l'odorat* (smell) _____

3 *l'ouïe* (hearing) _____

4 *la vue* (sight) _____

5 *le goût* (taste) _____

SUPERLATIVES

The extreme experience of ballooning calls for superlative expressions. In French, the subjunctive is used in clauses after superlatives.

C'est le premier objet avec lequel l'homme se soit élevé dans les airs.	It's the first thing in which people have risen up into the air.
C'est la plus grande ville que je connaisse.	It's the largest city I know.
C'est le pire choix qu'il ait jamais fait.	It's the worst choice he's ever made.
C'est le seul ami qui puisse vous aider.	He's the only friend who can help you.
C'est le film le moins intéressant qu'elle ait jamais réalisé.	It's the least interesting movie she's ever directed.

EXPRESSIONS WITH *FAIRE*

Faire du ballon ("to go ballooning") is one of dozens of expressions that use the verb *faire*.

faire la cuisine	to cook
faire le ménage	to do housework
faire la vaisselle	to do the dishes
faire les courses	to do the shopping
faire de la voile	to go sailing
faire du golf	to play golf
faire ses études	to study
faire un discours	to make a speech
faire venir	to send for
faire voir	to show
faire semblant de	to pretend
faire de son mieux	to do one's best
faire quelque chose exprès	to do something on purpose
faire plaisir	to please
faire peur	to frighten
faire l'amour	to make love
faire la guerre	to make war

Faire can also be used with an infinitive in a causative sense: to express the idea of having something done or of causing something to happen.

Nous fabriquons ces produits.	We make these products.
Nous faisons fabriquer ces produits à l'étranger.	We have these products made abroad.

F Rewrite the following sentences using *faire* as a causative.

1 *Ils visitent l'entreprise.*

_____

2 *Elle répare l'appareil.*

_____

3 *Nous nous coupons les cheveux.*

_____

4 *Vous gonflez le ballon.*

_____

5 *Elle écrit la lettre.*

_____

Paris bohème

La sélection suivante est une balade nostalgique : allons faire un tour dans le Paris de la Bohème.

Selon Sartre, c'est la construction de la ligne de métro nord-sud qui fut à l'origine de l'« émigration » des artistes de Montmartre vers Montparnasse. La bohème de Montparnasse commence vers 1900 avec l'arrivée d'Alfred Jarry et du Douanier Rousseau, suivis, d'Apollinaire, Cendras, Cocteau, Max Jacob. Comme pour Montmartre, ce sont les peintres (essentiellement étrangers) qui lancèrent le quartier, entraînant les poètes dans leur sillage, Breton et les compagnons de route du surréalisme (Picasso, Man Ray, Aragon, Fernand Léger) fréquenteront assidûment ce quartier où règne désormais « l'esprit parisien » qui a fui Montmartre et se transportera ensuite à Saint-Germain. L'âge d'or de « ce lieu béni de l'exterritorialité qu'était encore le Montparnasse des années 30 » (Brassaï) durera des années folles jusqu'à la guerre d'Espagne. À cette époque, Kiki de Montparnasse devient le modèle favori des peintres (Kisling, Foujita, Derain, Picasso) et des photographes (Man Ray, Brassaï). Ce formidable brassage enfantera l'école de Paris (Modigliani, Chagall, Soutine, Foujita) puis la « génération perdue », celle des écrivains américains qui débarquent à Paris après la Première Guerre mondiale, fuyant la prohibition. Autre avantage pour ces artistes fauchés : le taux de change du dollar leur permet d'y vivre à peu de frais. Leurs écrits exprimeront néanmoins le désenchantement de l'après-guerre, d'où le nom que leur attribua Gertrude Stein, cette grande amie de Picasso, Apollinaire, Cocteau et Satie. Celle que surnommait « la mère l'Oie de Montparnasse » lança Hemingway, le plus représentatif des « Américains à Paris » avec ses amis T.S. Eliot (Nobel en 1948), F. Scott Fitzgerald, Ezra Pound (le rénovateur de la poésie américaine) et John Dos Passos (popularisé en France par Jean-Paul Sartre). Arrivé à Montparnasse en 1928, Henry Miller sera la dernière grande figure américaine du quartier : il y mènera une authentique vie de bohème, fréquentant poètes, peintres, prostituées et expatriés. Il y fit ses débuts littéraires qu'il racontera dans *Tropique du Cancer,* livre qui fit scandale dans son pays. On comprend mieux pourquoi les cafés de Montparnasse sont aujourd'hui colonisés par autant de touristes américains.

Avec l'aimable autorisation des *Guides du Routard* (Éditions Hachette).

EXERCICES

G Answer the following questions.

1 Who was Kiki de Montparnasse? _____

2 What was Gertrude Stein's nickname? _____

3 According to Sartre, what made artists move to Montparnasse?

_____

4 When did Montparnasse's bohemia originate? _____

5 Why did Americans go to Paris in the early 1920s?

_____

TAUX

Penniless American artists certainly benefited from the exchange rate (*le taux de change*) in Paris at the beginning of the twentieth century. Here are other common phrases using *taux*.

taux de chômage	unemployment rate
taux de croissance	growth rate
taux d'écoute	audience figures
taux de fréquentation	box office figures
taux d'intérêt	interest rate
taux de mortalité	mortality rate
taux de natalité	birth rate
taux de pollution	pollution level

COMPARISONS

When comparing two ideas, *plus... que* is used for superiority, *moins... que* for inferiority, and *aussi... que* for equality.

La terrasse du Café de Flore est plus grande que la terrasse de la Brasserie Lipp.	The Café de Flore terrace is larger than the terrace of the Lipp Brasserie.
À cette époque, vivre en France était moins cher que vivre aux États-Unis.	At that time, living in France was cheaper than living in the United States.
À Paris, Hemingway était aussi célèbre que Fitzgerald.	In Paris, Hemingway was as famous as Fitzgerald.

Some important adjectives and adverbs have irregular comparative forms.

bon	*meilleur*
mauvais	*pire, plus mauvais*
bien	*mieux*
beaucoup	*plus*
peu	*moins*

> Simone de Beauvoir pensait que
>   la cuisine à La Coupole était
>   meilleure qu'à La Rotonde.
> Les poèmes de Pierre étaient encore
>   pires que les poèmes de Jacques.
> L'apprenti dans l'atelier de Derain
>   travaillait mieux que beaucoup
>   d'autres.

> Simone de Beauvoir thought the
>   cuisine at La Coupole was better
>   than at La Rotonde.
> Pierre's poems were even worse
>   than Jacques' poems.
> The apprentice in Derain's studio
>   worked better than many others.

H Write complete sentences in French that show the indicated comparison.

EXAMPLE   *Les livres de poche / − chers / les livres d'art*
          Les livres de poche sont moins chers que les livres d'art.

1 *cet écrivain américain / + connu / cet écrivain chinois*

_____

2 *ce livre-ci / = scandaleux / ce livre-là*

_____

3 *la génération actuelle / − optimiste / la précédente*

_____

4 *Gertrude Stein / − lue / Simone de Beauvoir*

_____

5 *la plupart des écrivains / + fauchés / les peintres*

_____

Théodore Monod

Many of the world's great travelers of the twentieth century came from France. One of the most interesting was Théodore Monod.

Naturaliste voyageur à la manière des encyclopédistes du XVIIIe siècle, grand connaisseur de l'Afrique saharienne, Théodore Monod est mort le 22 novembre 2000 à l'âge de quatre-vingt-dix-huit ans. Pour la communauté scientifique internationale, ce fut un grand savant. Pour le public, un humaniste généreux.

L'Afrique saharienne fut son « diocèse ». Ce fils et petit-fils de pasteur, qui envisagea lui-même de se lancer dans la théologie, considérait en effet le Sahara comme sa cathédrale, et les hommes du désert comme ses paroissiens.

En fait, Théodore Monod fut toujours curieux de tout, depuis sa plus tendre enfance, d'abord à Rouen, puis à Paris. Poissons, insectes, fossiles, étoiles, qu'importe : il observait avec passion ce que la nature mettait à sa portée. Et il dévorait les livres qui décrivaient ce qu'il ne pouvait voir ni toucher, se promettant bien d'y aller voir un jour.

L'insatiable curiosité des choses de la nature débouche forcément sur le voyage. L'enfant Théodore, lorsqu'il parcourt la France en famille, rapporte des spécimens et surtout des notes sur ce qu'il a pu observer. Adolescent, il rêve de voyages lointains et se repaît de récits d'explorateurs. Il se voit volontiers arpenter le Tibet, ce toit du monde où les hommes, pense-t-il, sont plus proches de Dieu.

Mais Théodore Monod n'ira pas au Tibet. Après avoir collectionné les diplômes (biologie, botanique, géologie) de la faculté des sciences à la Sorbonne, il est affecté en 1920, à dix-huit ans, comme « naturaliste » à bord d'un navire océanographique qui cabote le long des côtes de la Bretagne (façade atlantique de la France).

L'année suivante, il entre au Muséum d'histoire naturelle et, en 1922, est nommé assistant au département des Pêches et Productions coloniales. À ce titre, il s'embarque pour Port-Étienne, en Mauritanie, où il est chargé d'étudier la faune marine et la pêche. Derrière lui, le désert, immense et fascinant...

Pour rentrer à Paris après un an de séjour à l'étranger, il gagne Dakar (Sénégal) à dos de chameau. C'est la découverte éblouissante du désert

Roger Cans, « Théodore Monod : le savant amoureux du désert », *Label France,* avril 2001.

et de ses hommes, son chemin de Damas. À vingt-et-un ans, sa vie bascule : spécialiste de la faune marine, il se prend de passion pour le désert !

En 1925, le Muséum l'envoie de nouveau en Afrique, mais dans la zone équatoriale : il dispose d'un an pour faire l'inventaire de la faune aquatique entre le sud du Cameroun et le lac Tchad. Formidable mission qui le fait voyager partout, à pied, en pirogue et même en chaise à porteurs, dans une Afrique imprégnée d'habitudes coloniales.

Le désert, cependant, le tenaille. En 1927, la Société de géographie lui propose une mission taillée sur mesure : il accompagnera une expédition scientifique à travers le Sahara, d'Alger à Dakar, via Tamanrasset et Tombouctou. Six mois à explorer le plus grand désert du monde ! Théodore Monod jubile. Il collectionne les échantillons de plantes et de roches, multiplie notes et croquis. Il récolte une moisson qui va l'occuper pendant plusieurs années au Muséum. Ce qui lui laisse le temps d'épouser une jeune fille issue de la diaspora juive de Tchécoslovaquie.

Mais il ne renonce pas au désert. En 1934, il passe quatorze mois dans les dunes de Mauritanie. L'année suivante, il est le premier homme à explorer le désert alors inconnu de Tanezrouft, laissé en blanc sur les cartes du Sahara. En 1938, il part avec sa petite famille pour Dakar, afin d'installer l'Institut français d'Afrique noire (Ifan), centre de recherches historiques et scientifiques concernant l'Afrique occidentale française. C'est là que la guerre le surprend. Il est affecté comme méhariste 2e classe dans un régiment stationné au Tibesti, dans le nord du Tchad.

Rentré à Dakar après maintes péripéties, il milite contre la collaboration avec les nazis, fustige le racisme érigé en politique dans les colonies et accueille de Gaulle en 1944. Devenu professeur de zoologie, titulaire de la chaire d'ichtyologie au Muséum, Théodore Monod partage son temps entre son laboratoire parisien, l'Ifan et les expéditions sahariennes qu'il multiplie entre 1953 et 1964. Il parcourt le Sahara en tous sens, à dos de chameau mais surtout à pied, étonnant même les hommes du désert par son endurance et sa frugalité.

Toujours avide de connaître du nouveau à l'âge de quatre-vingt-treize ans, et bien que presque aveugle, il accompagne une expédition botanique au Yémen en 1995 et retourne encore au Sahara l'année suivante !

Infatigable marcheur du désert pendant sa carrière de chercheur, il a consacré la fin de sa vie à mettre en accord sa foi chrétienne et les combats pour la dignité de l'homme. On le voyait marcher au premier rang des manifestants qui protestaient contre la bombe atomique, l'apartheid, l'exclusion. Il militait contre tout ce qui, selon lui, menace ou dégrade l'homme : la guerre, la corrida, la chasse, l'alcool, le tabac, la violence faite aux humbles. Son credo : le respect de la vie sous toutes ses formes.

EXERCICE

__I__ Answer the following questions.

1 How did Théodore Monod travel from Mauritania to Senegal in 1923?

_____

2 Did he ever travel to Tibet? _____

3 What university did he attend? _____

4 What was the greatest passion of his life? _____

5 How old was he when he died? _____

Alexandra David-Néel

Another famous spiritual traveler was Alexandra David-Néel, author of—among many other works—*Voyage d'une Parisienne à Lhassa.*

À pied et en mendiant de la Chine à l'Inde à travers le Tibet, le monde découvre, en 1927, l'exploit étonnant d'une femme qui, au terme d'un périple de plusieurs milliers de kilomètres, dans les montagnes, le froid et le dénuement, est parvenue—à 56 ans!—à atteindre Lhassa, la capitale, interdite et mystérieuse du Toit du monde, Alexandra David-Néel n'est pas seulement une voyageuse intrépide. Ses pérégrinations dans les profondeurs de l'Asie sont au contraire la réalisation d'un engagement spirituel, véritablement original pour l'époque, qui a modelé toute sa vie.

Un moyen fascinant de découvrir les expériences de cette exploratrice est par le biais de la correspondance qu'elle entretenait avec son mari. Tandis qu'il demeurait fixé à Tunis, où l'attachaient ses fonctions, Alexandra David-Néel avec sa bénédiction et son aide financière poursuivait ses études et ses rêves à travers l'Inde, le Népal et le Tibet. Leur commune solitude était une sorte de lien privilégié pour ces deux êtres, aussi Alexandra David-Néel notait-elle chaque événement de sa vie vagabonde à l'intention de celui qu'elle appelait «mon bien cher Mouchy».

Kum-Bum 5 octobre 1918

J'ai fait hier, une excursion ravissante. Je suis partie le matin avec Aphur, un peu au hasard, à travers les montagnes m'orientant à la boussole pour découvrir un ermitage que l'on m'avait signalé à l'ouest de Kum-Bum. Nous avons franchi six cols, déambulé à travers des pâturages pleins de yacks et de moutons, traversé des steppes désertes. Tout cela nous a menés au bord d'une claire rivière, au pied de hautes montagnes dont les sommets sont déjà couverts de neige, décor qui me rappelait vivement le Tibet septentrional et mon propre ermitage: Dechen Ashram d'inoubliable mémoire. Après avoir marché d'un bon pas pendant environ cinq heures, nous avons trouvé la résidence des ermites, perchée à flanc de coteau parmi des peupliers dont l'automne a jauni les feuilles et des buissons devenus d'un rouge éclatant. Le paysage eût tenté un peintre. Autour, solitude complète et cette atmosphère de ma-

Alexandra David-Néel, *Journal de voyage.* Éditions Plon, 1976.

jestueuse sérénité propre aux hautes montagnes. Ah ! que l'on était bien là, mille fois mieux que dans la lamaserie, pourtant très silencieuse, de Kum-Bum, et que je comprenais ceux qui s'y étaient retirés !... Il faut avoir, comme je l'ai fait, vécu cette vie d'isolement parmi des sites grandioses pour savoir combien odieuses sont les villes bruyantes, les foules vulgaires qui s'y pressent et toutes ces hideurs, depuis les réclames lumineuses qui troublent la beauté des nuits jusqu'aux trains beuglant à travers les campagnes et salissant tout de leur fumée, jusqu'aux hôtels abritant des touristes snobs et niais... jusqu'à, enfin, tout ce que le commun des mortels décore du nom pompeux de civilisation.

Au retour nous croisons une caravane allant je ne sais où, une cinquantaine de yacks chargés et trois hommes à cheval, le fusil en bandoulière. Nous tentons la question classique : « Kyeu tso kappa do gyi in ? » (Où allez-vous, vous autres ?) Ils ne comprennent pas notre tibétain classique de Lhassa, ou font semblant de ne pas comprendre et passent silencieux. Joli, dans le soir qui tombe rapidement, parmi ces montagnes désertes, ce lent cortège de yacks, ces hommes à la figure muette, énigmatique, qui s'en vont vers les hauts cols mystérieux. En dépit de l'habitude de ces choses vues mille fois, je ne suis pas blasée et ne le serai jamais. Le même frisson me reste, le même qu'autrefois, alors que je lisais les descriptions de scènes pareilles. La sensualité, chacun la place selon son tempérament, moi, j'ai celle de la solitude, du silence, des terres vierges que ne déparent aucune culture, des grands espaces et de la rude vie, sous la tente, des nomades de l'Asie centrale. Je m'y abandonne, je me roule en elle, plus que la sagesse ne le voudrait sans doute... après tout, est-ce folie si grande ?... Le désert parle avec d'autres voix que les Boulevards à Paris et chacun n'est-il pas en droit de préférer la musique qui lui plaît le mieux ?

EXERCICE

J Answer the following questions.

1 How did Alexandra David-Néel travel around when she was in Asia?

_____

2 What was the highlight of all her trips? _____

3 Was her husband opposed to her traveling around the world?

_____

4 Did she become jaded after so many years on the road?

_____

5 What was her husband's nickname? _____

COGNATES

Alexandra writes of her love of *isolement* ("isolation"). In fact, the French word *isolation* means "insulation" and is a common *faux-ami*—a "false friend." Another word that looks like *isolation* but means something entirely different is *insolation*, "sunstroke."

A knowledge of the true meaning of common *faux-amis* will help you avoid misunderstanding what you read.

*La situation **actuelle** est difficile.*	The **current** situation is difficult.
*Elles sont **actuellement** au Tibet.*	They are **presently** in Tibet.
*Il lui a **adressé** des injures.*	He **insulted** him.
*Tu devrais **commander** des fournitures.*	You should **order** office supplies.
*Julie a **disposé** les assiettes à dessert sur la table.*	Julie **arranged** the dessert plates on the table.

Femmes au-delà des mers

Femmes au-delà des mers est une association présidée par Gisèle Bourquin. Cette association a pour objet de constituer un réseau d'échanges et de transmettre les savoirs des cultures d'Outre-mer.

L'association est organisée avec un comité de parrainage regroupant des experts pluridisciplinaires d'horizons géographiques et professionnels différents. Le comité est composé de personnalités connues pour leur ouverture d'esprit, leur grande curiosité et leur intérêt pour la promotion de valeurs et spécificités liées aux femmes d'Outre-mer et au delà.

Sandrine Tupai-Turquem
L'irrésistible envol de Sandrine Tupai-Turquem
ou la promesse faite à l'île

Interview par Laure Carsalade pour Femmes au-delà des mers (FAM), janvier 2011

Née aux Marquises, Sandrine était loin d'envisager d'embrasser la profession de pilote, quand enfant, la mer qui entourait Fatu Hiva faisait frontière avec le monde, n'étant reliée à une autre terre que par de rares bateaux. Aujourd'hui, elle rapproche les continents pour Air Tahiti Nui par la voie la plus directe, à vol d'Airbus A340. Mère de famille avec deux jeunes garçons, elle compense le temps qui toujours fait défaut par une qualité de présence.

Fidèle à la Polynésie, elle s'est engagée comme élue de sa commune dans le développement de la communication, Punaauia, 3e ville de Tahiti. Son humilité vous entoure de douceur. Elle semble presque surprise de son parcours pourtant exemplaire et a regretté quelquefois le changement de regard des autres à la suite de sa mise en vue médiatique, car elle est restée la même. Elle se fait volontiers la marraine d'autres jeunes femmes, afin qu'elles osent à leur tour se réaliser.

FEMME AU-DELÀ DES MERS *Qu'est-ce qui vous a amenée au pilotage?*

SANDRINE TUPAI-TURQUEM C'est mon mari, lui-même pilote, qui m'a guidée dans cette voie alors que je n'y avais pas pensé. En 1993, je suis entrée dans le personnel polyvalent au service d'Air Tahiti et c'est peu à peu que j'ai gravi les échelons. Une expérience a été décisive, ma rencontre avec un instructeur qui m'a permis pour la première fois

---

Avec l'aimable autorisation de Gisèle Bourquin, présidente de *Femmes au-delà des Mers*.

d'effectuer un décollage dans un bi-place. Les sensations éprouvées, le bien-être que j'ai connu alors m'ont donné une certitude, de ne plus vouloir rien faire d'autre! J'ai suivi la théorie par correspondance car je n'avais pas les moyens financiers de suivre l'école à ce moment-là, avant de passer mon brevet privé en aéroclub. En mars 2011, cela fera 7 ans que je suis pilote de ligne. Devenir commandant de bord sera encore expérience...

FAM *Dans vos origines, quelles influences ont fondé votre parcours?*

S.T.-T. Mon enfance a forgé mon caractère. De famille modeste, de père inconnu, j'ai été élevée par ma grand-mère qui m'a transmis des valeurs, notamment le sens du travail: sans lui, pas de survie! A 8 ans, il m'a fallu quitter mon île pour suivre une scolarité. Cette séparation pour la pension qui m'a confrontée à des plus grands a façonné ma vie, faisant de moi une indépendante, une battante. Je ne me doutais pas que j'irais aussi loin.

FAM *Si vous aviez tout pouvoir, que souhaiteriez-vous?*

S.T.-T. Le rayonnement de la femme d'Outre-Mer à travers le monde, que davantage de femmes se réalisent, ce qui est encore rare. Je me souviens avec émotion d'avoir fait partie chez Airbus Industrie à Toulouse du Premier équipage entièrement féminin, sur un A320, avec Laure Coussignac. J'espère offrir un repère pour la femme polynésienne: ce n'est pas une fatalité d'être issue d'un milieu isolé. Et je suis très attachée à mon île natale. Jeune maman, de passage, je lui avais fait la promesse de revenir pilote de ligne, promesse tenue. Il n'y a pas d'aéroport dans ce lieu protégé... et je souhaite aussi que cela ne change pas.

EXERCICES

QUESTION WORDS

In the interview, Sandrine had to answer questions about her life, for example, *Que souhaiteriez-vous?* *Que* is one of several question words (adverbs, adjectives, pronouns, locutions) used in French.

que	what	*comment*	how
qui	who, whom	*combien*	how much
quel	what, which	*combien de temps*	how much time
lequel	which one	*dans quelle mesure*	to what extent
pourquoi	why	*qu'est-ce qui/que*	what
où	where	*jusqu'à quelle époque*	until what period
quand	when	*à quelle étape*	at what stage

K Find the question words and phrases in the following sentences, and write them below.

1 *Comment avez-vous fait la connaissance de Gisèle Bourquin, présidente de Femmes au-delà des mers?* _____

2 *Dans quelle mesure votre parcours est-il exceptionnel en Polynésie?*

_____

3 *Qui vous a encouragé à suivre cette voie?* _____

4 *Combien d'enfants avez-vous?* _____

5 *Quel rôle votre grand-mère a-t-elle joué dans votre vie?* _____

L Write complete sentences to answer the following questions.

1 Where was Sandrine Tupai-Turquem born?

_____

2 What kind of plane does she usually fly?

_____

3 Does she come from a poor or rich background?

_____

4 What is the objective of *Femmes au-delà des mers*?

_____

5 How many years has Sandrine been an airline pilot?

_____

6 Who influenced her to go into this profession?

_____

7 Why did Sandrine leave her island at the age of 8?

_____

8 When she was young, did Sandrine expect to be so successful?

_____

9 How many children does she have?

_____

10 What is her commitment in Polynesia?

_____

M Match the location in the first column with the area in which it is located in the second column. You may consult reference materials if necessary.

1 ＿＿ *Tahiti*   **a** *Martinique*

2 ＿＿ *Cayenne*   **b** *Polynésie française*

3 ＿＿ *Mayotte*   **c** *Nouvelle-Calédonie*

4 ＿＿ *Fort-de-France*   **d** *Archipel des Comores*

5 ＿＿ *Nouméa*   **e** *Guyane*

Fais-moi explorer

Lecture numérique

Lecture numérique, le retour aux livres pour les jeunes?
En passant par la littérature jeunesse, qui connaît une forte croissance

La porte d'entrée du livre numérique sera-t-elle la littérature jeunesse? Après la féerie de Noël, le constat s'impose: l'engouement est clair pour la fiction adulte, et c'est manifestement la littérature jeunesse qui est aujourd'hui emportée.

Pour HarperCollins, les ventes d'ebooks de ce secteur—jeunes adultes—ont représenté 25 % de l'ensemble du catalogue, papier compris. L'an passé à la même époque, l'ebook ne représentait que 6 % des ventes. Susan Katz n'a qu'un commentaire: ça se réchauffe. Pour St Martin's Press, les ventes ont également augmenté, passant de 6 % l'an passé à 20 % cette année.

Évidemment, on mettra en avant que la génération digital natives est plus encline à adopter ce type d'appareil. Et puisque les tarifs ont baissé, les parents sont plus à même d'en offrir à leur progéniture, trop heureux de les voir lire de nouveau. « *Si cela suit la même tendance que les livres adultes, c'est le début d'une courbe ascendante* », souligner Jon Anderson de Simon & Schuster Children's Publishing.

Une grande étude de BVA, publiée en juillet 2010 et portant justement sur les digital natives en France, montrait combien cette génération apportait « *une mutation profonde de la société* ». Ils veulent avoir les informations plus vite, exécutent plusieurs tâches et n'aiment pas être inactifs. Dès lors, les temps morts sont comblés par une hyperactivité numérique.

Deux grandes théories se dégagent, pointe le *New York Times*. D'abord le coût des lecteurs ebook, trop élevé pour les jeunes, mais qui depuis a connu la baisse nécessaire pour attirer ce public.

L'autre idée serait que, depuis Harry Potter, les jeunes ont retrouvé un certain goût pour la lecture. La popularité de cette saga aurait alors relancé l'envie de lire, où les ouvrages papier sont remplacés par des Kindle ou des Nook, pour un public qui a grandi—et son pouvoir

Rédigé par Nicolas Gary, 6 février 2011, ActuaLitté.com.

d'achat. Et comme il est possible de 'personnaliser' son appareil, la tendance s'accentue.

Évidemment, il est toujours trop tôt pour déterminer si le jeune public est désormais accro aux ebooks. Ce qui est certain, c'est que les parents, eux, sont assez favorables à cette substitution, attendu qu'elle incite à la lecture. Certains enseignants encourageraient même à apporter leur appareil, toujours dans l'optique de favoriser la lecture. Les salles de lecture dans les écoles se peuplent soudain d'une population que l'on n'avait pas vue aussi calme... ni aussi lisante.

En outre, tout le monde se frotte les mains : acheter un livre est encore coûteux pour ce public, mais le téléchargement de livres gratuits — libres de droit — permet de redécouvrir des classiques de la littérature.

Gagnant/gagnant ?

EXERCICE

A Write complete sentences to answer the following questions; use the *est-ce que* form.

1 Why are the owners of St. Martin's Press happy this year?

_____

2 What book has encouraged young people to read?

_____

3 Are the e-reading devices very expensive?

_____

4 Are parents in favor of e-books?

_____

5 What major change has happened in schools' reading rooms?

_____

Des ebooks pour aider les enfants autistes et des progrès assurés

L'année dernière, le projet Azahar se développait en Espagne, qui visait à utiliser les nouveaux outils numériques pour contrer l'autisme ou du moins en calmer les symptômes.

Ainsi, différentes applications ont été développées spécialement destinées à un public autiste. Elles permettaient de calmer les crises d'angoisses par des activités palliatives qui requéraient la concentration des sujets, mais également d'aider les jeunes autistes en difficultés d'apprentissage. Aujourd'hui, cette idée a fait son court et parmi d'autres, les lecteurs ebook font partie de ces nouveaux médicaments technologiques.

Un ebook par jour éloigne le médecin pour toujours ?

Bien que l'autisme soit très difficilement définissable et présente des symptômes différents pour chaque individu, l'une des caractéristiques les plus fréquentes consiste en une hyper-sensibilité du sujet. De ce fait, l'appréhension de l'environnement scolaire est parfois difficile pour un enfant autiste. Il se sentira constamment agressé par la multiplicité des bruits, des odeurs et des mouvements, ce qui peut l'angoisser, voire le faire souffrir physiquement.

Ainsi, l'usage de lecteurs ebook dans des classes de maternelle, a engendré une progression des élèves autistes, notamment dans l'apprentissage de la lecture. En effet, selon [le blog] Good e-Reader, il permet à l'élève de s'isoler de cet environnement violent pour se concentrer sur l'outil de lecture. Et contrairement à ce que l'on pourrait croire, cela s'avère très stimulant.

La sobriété apaisante du numérique

D'autre part, la sécheresse de la mise en page, le peu d'images et l'absence de couleurs vives sont apaisants pour l'enfant. Et avec les logiciels de lecture, les élèves peuvent écouter une voix électronique lire le texte, mais à tout moment ils peuvent appuyer sur pause ou diminuer le volume.

On attend donc beaucoup de ces nouveaux outils qui s'adaptent involontairement à l'éducation des enfants autistes. Non seulement ces derniers sont particulièrement efficaces, mais de plus ils coûtent bien moins cher que le matériel spécialisé qui était utilisé jusqu'alors.

Rédigé par Clémentine Baron, 4 mars 2011, ActuaLitté.com.

EXERCICE

B Write the French equivalents of the following sentences.

1 What is the effect of e-books on autistic children?

_____

2 What bothers an autistic child in a normal class setting?

_____

3 Do autistic children read more with e-books?

_____

4 Why is the volume control so important?

_____

5 From a financial point of view, why are e-books desirable for autistic children?

_____

Les inventions

Au cours de vos lectures sur la science et la technologie, vous découvrirez, çà et là, des inventions qui portent le nom de leur créateur.

La montgolfière

Comme nous l'avons vu dans le chapitre six, la montgolfière, ballon à air chaud, a été inventée en 1783 en France par Joseph et Étienne Montgolfier, originaires de l'Ardèche. Ils fabriquaient du papier. Un jour, Joseph lança une lettre dans le feu et, pour se réchauffer, il mit son chandail au-dessus du feu. Celui-ci se mit à gonfler et les morceaux de papier à s'envoler.

Il en parla à son frère et c'est ainsi qu'ils inventèrent la montgolfière. D'abord, ils embarquèrent un mouton, un coq et un chien avant de répéter l'expérience avec un humain.

Le principe du fonctionnement de la montgolfière : un gaz propane qui chauffe une enveloppe de nylon polyamide. L'air chaud, qui gonfle la montgolfière, lui permet de s'envoler car l'air chaud est plus léger que l'air froid. La montgolfière peut alors s'envoler telle une bulle d'air chaud dans la masse d'air.

EXERCICE

C Answer the following questions.

1 When was the hot air balloon invented? _____

2 Were the Montgolfier brothers originally trained as balloonists?

_____

3 What part of France were they from? _____

4 What incident was the catalyst for their invention?

_____

5 What animals were used in the first tests of the balloon?

_____

Adapté du site Web www.montgolfiere.fr.

EVERYTHING ROUND

 Words for round objects differ according to size and function.

un ballon	*dirigeable, de football, de rugby, d'eau chaude*
une balle	*de tennis, de golf, de pistolet*
une boule	*de neige, de glace, pour la pétanque, de billard, de feu*
une bille	*en verre (pour jouer), pour le stylo*
une bulle	*de bande dessinée, d'air, de champagne*

La poubelle

Un autre inventeur, Eugène-René Poubelle, créa nos poubelles indispensables.

Professeur de droit à Caen, sa ville natale, et tenu en suspicion sous Napoléon III en raison de ses convictions démocratiques, Eugène-René Poubelle (1833–1907) ne devient préfet qu'en 1871, après la chute de l'Empire. En octobre 1883, Waldeck-Rousseau lui confie même le poste difficile de préfet de la Seine qu'il assumera pendant treize ans.

Poubelle souhaite d'abord compléter l'ouvrage haussmanien d'embellissement de la capitale—qui a surtout profité aux classes aisées—par une action résolue en faveur des classes laborieuses. Il multiplie à Paris et en banlieue les établissements scolaires, les dispensaires, les crèches, les hospices, les asiles de nuit. Il relève les salaires et retraites des personnels communaux et des gardiens de la paix. En 1885, il autorise, audacieusement, l'accession des femmes à l'internat des hôpitaux, malgré l'hostilité du corps médical. Poubelle fait percer la rue du Louvre, l'avenue de la République, la rue Réaumur, la rue de la Convention, et édifier les ponts Mirabeau et Alexandre III, mais son œuvre majeure reste l'assainissement de ces quartiers populaires où l'impureté de l'air et de l'eau potable favorise la mortalité et constitue une menace permanente de réapparition du choléra. Un arrêté du 7 mars 1884, imposant à chaque propriétaire d'immeuble de mettre à disposition de ses locataires une boîte à ordures, le rend célèbre et populaire.

Fin lettré, excellent orateur, doué d'humour, convivial, compétent, ouvert, déférent envers les élus du suffrage universel, le préfet Poubelle se gagne la confiance du conseil municipal. Au point que celui-ci, qui repousse par habitude le budget de la préfecture, l'adopte régulièrement à partir de 1893. Lorsqu'il quitte la préfecture de la Seine pour l'ambassade de France au Vatican, Poubelle reçoit l'hommage unanime des édiles parisiens.

Adapté du site Web www.graine-basse-normandie.net.

EXERCICES

D Answer the following questions.

1 Where was Eugène-René Poubelle born? _____

2 What was his title when he worked in Paris?

_____

3 What decision did he make in 1885 that caused an uproar?

_____

4 What decision made him famous?

_____

5 Did Poubelle's projects improve the living conditions of the poor? _____

E *La poubelle* is a wonderful invention, but there are other useful *boîtes.*
Give the English equivalent of the following phrases.

1 *boîte noire* _____

2 *boîte postale* _____

3 *boîte vocale* _____

4 *boîte à lettres* _____

5 *boîte à gants* _____

6 *boîte à chaussures* _____

7 *boîte à outils* _____

8 *boîte à idées* _____

9 *boîte de conserve* _____

10 *boîte d'allumettes* _____

11 *boîte de chocolats* _____

12 *boîte de nuit* _____

13 *boîte de vitesses* _____

14 *boîte de couleurs* _____

F Complete the following sentences.

1 *Elle a eu une crise de foie car elle a vidé la boîte* _____.

2 *Il a remis son marteau dans sa boîte* _____.

3 *Après l'accident d'avion, la police a effectué des recherches pour retrouver
la boîte* _____.

4   *Après avoir collé le timbre, elle a mis ses cartes postales dans la boîte*

   _____.

5   *En rentrant, j'ai trouvé cinq messages sur ma boîte* _____.

Le braille

Puis un autre inventeur de renom, Louis Braille, dont l'invention eut un impact dans le monde entier.

Louis Braille (1809–1852) inventa la méthode braille destinée aux non-voyants. À l'âge de trois ans, il se blessa à l'œil avec un outil de son père. Suite à des complications, il perdit l'autre œil. Très tôt ses parents le mirent à l'école du village où Louis se révéla un excellent élève. À dix ans, il intégra l'Institut des jeunes aveugles de Paris. Malgré des méthodes d'enseignements archaïques, Louis Braille apparut appliqué et intelligent. Il chercha pendant des années à mettre au point un système d'écriture fondé sur la représentation symbolique des lettres.

Devenu instituteur, il découvrit le procédé Barbier. Cet officier avait mis au point un système de lecture à des fins militaires qui devait permettre aux soldats de lire et écrire dans le noir. Système composé de traits et de points en relief disposé sur du papier très épais. Il s'inspira très largement de ce procédé pour créer sa propre méthode. En 1829, Louis Braille publia «Procédé pour écrire les paroles, la musique et le plain-chant au moyen de points, à l'usage des aveugles et disposé pour eux».

EXERCICES

G   Answer the following questions.

1   Was Louis Braille born blind? _____

2   How did he injure himself? _____

3   What was his profession? _____

4   Who was Barbier? _____

5   What did Barbier invent? _____

Adapté du site Web http://www.braille-culture.com.

H Choose the item in the second column that completes each phrase
in the first column.

1 _____ *paroles...*   **a** *de mots*

2 _____ *expression...*   **b** *qualificatif*

3 _____ *adjectif...*   **c** *idiomatique*

4 _____ *mots...*   **d** *d'une chanson*

5 _____ *jeu...*   **e** *croisés*

L'euro

La technologie touche quasiment toutes les facettes de notre vie de loin ou de près. Parfois, elle nous affecte au quotidien. Il est rare qu'un jour se passe sans qu'on ait besoin de chercher un euro dans sa poche.

Le passage à l'euro a été sans l'ombre d'un doute un événement historique. Cependant, on ne peut négliger le rôle clé qu'a joué la technologie.

Jetons d'abord un coup d'œil aux billets : un génie de la technologie. Un certain nombre de signes de sécurité ont été incorporés dans les billets ; ils permettent de reconnaître immédiatement un billet authentique. Vous n'avez qu'à :

- **Toucher** l'impression « en relief » : les procédés spécifiques d'impression confèrent au billet son toucher unique.
- **Regarder** le billet par transparence : on distingue alors le filigrane, le fil de sécurité et l'effet de transvision. Ces signes sont tous les trois visibles sur le recto et le verso d'un billet authentique.
- **Incliner** le billet : au recto, on peut alors voir l'image changeante sur la bande métallisée holographique (pour les petites coupures) ou sur la pastille métallisée holographique (pour les grosses coupures).
- **Incliner** le billet : au verso, on peut alors voir le brillant de la bande iridescente (sur les petites coupures) ou l'encre à couleur changeante (sur les grosses coupures).

Qu'en est-il des pièces ? Les pièces en euros sont également fabriquées selon des spécifications techniques pointues, rendant leur reproduction extrêmement difficile et aisément détectable.

Un soin tout particulier a été apporté à la protection des pièces de 1 euro et 2 euros par l'incorporation de signes de sécurité spécifiques. En effet, grâce à la mise en œuvre d'une technologie avancée combinant deux métaux, les pièces de 1 euro et 2 euros sont difficiles à contrefaire. En outre, la tranche de la pièce de 2 euros comporte des gravures.

Les pièces en euros incorporent des éléments de sécurité très fiables, lisibles par des machines, notamment par les distributeurs automatiques de produits. Elles peuvent être utilisées indifféremment dans tous les pays de la zone euro.

Avec l'aimable autorisation du Ministère de l'Économie, des Finances et de l'Industrie.

Chacune des huit pièces de l'euro comporte une face commune aux pays de l'Union économique et monétaire où figure la valeur faciale de la pièce exprimée en cent ou en euro et une face nationale dont le thème propre à chaque pays est entouré de douze étoiles.

Les caractéristiques techniques des pièces ont été définies par la Commission européenne, sur la base des travaux du groupe des directeurs nationaux des monnaies, et après de nombreuses consultations d'organisations de consommateurs, d'associations d'aveugles, de malvoyants, et de représentants du secteur des distributeurs automatiques. Ainsi les pièces sont facilement identifiables, puisqu'elles se distinguent les unes des autres à la fois par leur composition, leur couleur, leur poids et leur épaisseur. Les préoccupations de santé publique ont aussi été largement prises en compte, puisque la teneur en nickel (métal allergisant) a été réduite pour les pièces de 1 et 2 euros, alors que les autres pièces n'en comportent pas.

EXERCICES

I Answer the following questions.

1 Why does the euro bill feel different from other bills?

_____

2 Are euro coins the same throughout Europe? _____

3 Are the one- and two-euro coins made only of copper?

_____

4 How many different euro coins are in circulation? _____

5 How can you distinguish one euro coin from another?

_____

À CAUSE DE OR GRÂCE À

In giving the reason for something, the preposition *à cause de* ("because of") often has a negative connotation, whereas *grâce à* ("thanks to") has a positive connotation: I was successful *grâce à vous,* but I failed *à cause de vous.*

J Complete the following sentences with *à cause de* or *grâce à*. Note that *de* contracts with *le* and *les* to form *du* and *des.* Similarly, *à* contracts with *le* and *les* to form *au* and *aux.*

1 *Il a réussi à son examen de mathématiques* _____ *l'aide de son professeur.*

2 *J'ai manqué le train de 20 heures* _____ *mon patron qui a prolongé la réunion.*

3 *Elle a été admise dans l'une des meilleures universités du pays*

_____ *son intelligence.*

4 *On ne meurt plus de la rage* _____ *vaccin de Pasteur.*

5 *Ils n'ont pas pu continué leurs recherches* _____ *manque de fonds.*

6 *Elle a eu un accident* _____ *la pluie.*

7 *Ils ont perdu leur fortune* _____ *mauvais investissements.*

8 *Elle a reçu une augmentation* _____ *eux.*

9 *Tu n'as pas pu aller en vacances* _____ *la dispute avec ton patron.*

10 *Nous avons obtenu un plus grand appartement* _____ *l'agent.*

Les vitraux

La technologie de pointe défraie la chronique mais les techniques artisanales occupent toujours une place privilégiée dans la culture européenne.

L'atelier Michel Petit de Chartres, référence internationale dans la création de vitraux, a effectué la restauration du chœur de la cathédrale de Tours dont le vitrail fut conçu anonymement au milieu du XIIIe siècle.

Les baies relatant la vie de Saint-Denis et Saint-Vincent ont déjà quitté leur châsse en pierre de tuffeau pour retrouver leur transparence juvénile dans l'atelier de Michel Petit. Depuis plus de trente-cinq ans, dans l'ombre de son art, seulement quelques solstices médiatiques viennent révéler au grand public cette activité, fruit d'un savoir millénaire, comme en 1990, lorsqu'il dépose le mondialement célèbre vitrail de Notre-Dame-de-la-Belle-Verrière à Chartres.

Seul maître-verrier nommé maître d'art par le ministère, il se souvient des vingt-cinq ans passés à restaurer la cathédrale de Coutances. À Tours, la cathédrale Saint-Gatien retient son attention enthousiaste. *« On y observe une grande unité de coloration, les scènes sont très vivantes. Il y a des similitudes avec la Sainte-Chapelle, on a pu s'inspirer de la composition mais les scènes sont plus grandes, le traitement des personnages est plus économe, le modelé du visage y est très semblable ».* Selon les historiens, les vitraux du haut-chœur de la cathédrale de Tours sont inspirés de ceux de la Sainte-Chapelle.

Son atelier, lieu de conservation du patrimoine mais aussi de transmission de savoir, lieu de recherche pour constituer le patrimoine de demain, connaîtra une suite. Stéphane Petit fils et Claire Babet continuent la lutte délicate contre les oxydes de manganèse, traces de rouille, lichens, ennemis de la transparence, du contemplatif et du peintre-verrier. *« À Tours, ils sont sublimes au point de vue de la peinture ».* Pour retrouver ces couleurs originales, Stéphane Petit dispose d'une panoplie de gels et de poudres. *« Tout ce qui est acide et abrasif est exclu ».*

Quand un verre est cassé par le temps ou une carabine, deux solutions s'offrent au peintre-verrier : on fait un collage au silicone ou bien à la résine optique plus proche du verre dans la transmission de la lumière. Depuis quatre ans, une des fenêtres nord du chœur est le lieu d'une expérimentation de doublage des faces externes des vitraux par des baies thermoformées. Conçue par Hervé Debitus de Tours, cette

---

Alain Thomas, « Michel Petit, sculpteur de lumière », *Régionales,* n° 32, hiver 1998–1999.

technique sera étendue lors du chantier de restauration à tout le chœur de la cathédrale.

Comme les techniques évoluent avec célérité, grâce au développement du contrôle de la cuisson et plus particulièrement des courbes de températures, le thermomoulage, le thermoformage ainsi que des fours plus spacieux permettent d'oser des surfaces jusqu'alors impossibles sans la présence des réseaux de plomb, bien évidemment opaques à la lumière. *« Sans mise en plomb, on est capable de faire des panneaux d'assez grande taille qui soient aussi peints ou décorés ».*

En effet, si l'exaltation des restaurations est forte, celle de la création de nouvelles verrières est garant de la perpétuation d'un art souvent oublié dans l'architecture moderne. Pourtant les vitraux de l'atelier chartrain éclairent nombre de bâtiments : une cave vinicole à Los-Angeles (USA), une église en Belgique (Vains), une chapelle dans la baie ainsi que dans l'abbaye du Mont-Saint-Michel ou encore dans d'autres lieux sacrés ou profanes. La dernière des créations est visible dans la Manche, une série de neuf baies de l'atelier Petit transparaissent dans le centre culturel de Ducey. *Fusion* est le maître mot du verrier selon Stéphane Petit. *« On se sert des techniques anciennes mais on dispose maintenant d'une telle somme de connaissances que l'on peut aller beaucoup plus loin tout en restant fidèle aux origines du terme verrier. Celui qui transforme le verre en utilisant la fusion ».*

Évidemment, peintre-verrier reste une activité collégiale. Architectes des monuments historiques, conservateurs, historiens, ingénieurs chimistes, tous interviennent selon leurs compétences dans la restauration et la création.

Ainsi à Tours, la lecture de la baie consacrée à la vie de Saint-Denis va retrouver sa logique chronologique initiale. En effet, lors d'une restauration du XVIIe siècle, on avait remonté les registres en désordre. À la lecture, le saint, au cours de son martyr, portait sa tête sous le bras avant qu'on ne la lui tranche.

EXERCICES

K Answer the following questions.

1   What materials does Michel Petit use to repair stained-glass windows?

_____

2   Does Michel Petit work only for French clients?

_____

3   What is Michel Petit's byword? _____

4 The Tours cathedral has similarities with another famous church. Which one?

_____

5 What was wrong with the stained-glass windows representing the life of

Saint-Denis? _____

PLACE NAMES

🔍 Michel Petit is from Chartres, which makes him *un Chatrain*.
Marie Curie was born in Poland, which makes her *une Polonaise*.
Simone de Beauvoir was born in Paris, which makes her *parisienne*.
Gustave Flaubert was born in Rouen, which makes him *rouennais*.

L Match the names of cities in the first column with the appropriate inhabitant's name in the second column.

1	____ *Reims*	**a**	*Rennais*
2	____ *Saint-Étienne*	**b**	*Rémois*
3	____ *Rennes*	**c**	*Stéphanois*
4	____ *Béziers*	**d**	*Brestois*
5	____ *Brest*	**e**	*Biterrois*

M Write the feminine adjective corresponding to the following cities.
Guess first, then check the dictionary.

1 *Vienne* _____

2 *Londres* _____

3 *Madrid* _____

4 *Rome* _____

5 *Strasbourg* _____

N Write the masculine adjective corresponding to the following countries.

1 *le Brésil* _____

2 *le Pérou* _____

3 *le Maroc* _____

4 *la Hollande* _____

5 *la Belgique* _____

Marie Curie, une pionnière du prix Nobel au Panthéon

Parmi les prix Nobel français, on compte un membre célèbre, Marie Curie, qui nous a permis d'approfondir la compréhension de la science et qui à jamais a changé le cours de l'histoire.

Sous l'illustre dôme du Panthéon, à Paris, aux côtés de l'écrivain Victor Hugo, de l'homme politique Jean Jaurès ou du résistant Jean Moulin, reposent désormais les cendres de Marie Curie et de son époux, Pierre. Femme de science et de courage, humaniste et tenace, cette chercheuse d'origine polonaise a ouvert, par sa découverte du radium, la voie de la physique nucléaire et de la thérapie du cancer. Des travaux qui lui coûtèrent la vie.

« Aux grands hommes la patrie reconnaissante. » Avant le 21 avril 1995, la fameuse inscription portée au fronton du Panthéon était vraiment à prendre au pied de la lettre. La crypte, où reposent quelques-uns des personnages marquants de la nation, n'accueillait en effet aucune femme, du moins pour ses mérites. En effet, le Panthéon abritait déjà les cendres d'une femme, mais c'était en tant qu'épouse du chimiste et homme politique Marcellin Berthelot. Un tort, que le président François Mitterrand a voulu réparer en y transférant les cendres de la physicienne et chimiste Marie Curie et celles de son époux. Mais outre conférer au vocable « hommes » a valeur d'« êtres », ce geste a permis à la patrie d'honorer, pour sa contribution au prestige de la recherche scientifique française, une étrangère.

Car Marie Curie, ou plutôt Maria Sklodowska, est née à Varsovie, le 7 novembre 1867. La capitale polonaise est alors occupée par les Russes, qui tentent d'affaiblir l'élite locale mais tolèrent néanmoins l'essor de la doctrine positiviste d'Auguste Comte. Fondée sur la valeur de l'expérience, de la réalité scientifique, et appliquée à la société, elle est pour maint intellectuel la voie du progrès. Maria en gardera l'empreinte indélébile. D'une famille d'enseignants, élevée entre sens du devoir et manque d'argent, elle mène une vie des plus spartiates. Du décès précoce d'une de ses sœurs, puis de sa mère, elle tire l'agnosticisme qui conforte sa foi en la science. Élève brillante, mûre, au rare pouvoir de concentra-

Florence Raynal, « Marie Curie. Une pionnière du prix Nobel au Panthéon », *Label France*, n° 21, août 1995.

tion, Maria forge le rêve, alors inconcevable pour une femme, de mener une carrière scientifique. Mais l'argent manque et elle devient préceptrice. Pour soutenir sa sœur Bronia, désireuse d'étudier la médecine à Paris, elle se sacrifie financièrement. À charge de revanche.

C'est ainsi qu'en 1891, la timide Maria débarque à Paris. Ambitieuse, autodidacte. Son obsession : apprendre. Elle réussit haut la main une licence de physique, puis de mathématiques. C'est alors qu'un ami polonais lui présente un jeune homme timide et réservé : Pierre Curie. Ce libre-penseur, reconnu pour ses travaux sur la cristallographie et le magnétisme, devient, en 1895, son mari. Un an avant, il lui écrivait comme il serait beau *« de passer la vie l'un près de l'autre, hypnotisés dans nos rêves : votre rêve patriotique, notre rêve humanitaire et notre rêve scientifique ».*

Du rêve scientifique...

Pionnière, Marie Curie décide, en 1897, de faire un doctorat de physique. Henri Becquerel, étudiant les rayons X, venait de constater qu'un sel d'uranium impressionne une plaque photographique malgré des enveloppes protectrices. Comprendre l'effet, l'énergie de ces rayons uraniques, quel meilleur sujet pour Marie ? Pierre acquiesce. Sa frêle épouse brasse des tonnes de minerai et s'aperçoit qu'une autre substance, le thorium, est « radioactive », terme de son invention. Ensemble, ils prouvent — découverte majeure — que la radioactivité n'est pas le résultat d'une réaction chimique mais une propriété de l'élément, en fait de l'atome. Marie étudie alors la pechblende, minerai uranique dans lequel elle mesure une activité bien plus intense qu'en la seule présence d'uranium. Elle en déduit qu'il existe d'autres matières que l'uranium, très radioactives, le polonium et le radium, qu'elle découvre en 1898.

Lors des expériences, Pierre observe les propriétés des rayonnements et Marie purifie plutôt les éléments radioactifs. Leur point commun : une rare ténacité. D'autant plus que leurs conditions de vie sont déplorables. Leur laboratoire ? Un hangar misérable, où, l'hiver, la température frôle les six degrés. *« Cela tenait de l'écurie et du cellier à pommes de terre »*, dira un chimiste. Pourtant, avoue Marie : *« L'une de nos joies était d'entrer la nuit dans notre atelier ; alors nous percevions de tous côtés les silhouettes lumineuses des flacons et des capsules qui contenaient nos produits. »* Malgré leur difficulté à obtenir avancements et crédits, les Curie refusent de déposer un brevet qui aurait pu les protéger financièrement, car permettre à tout scientifique, français ou étranger, de trouver des applications à la radioactivité est à leurs yeux prioritaire.

Pierre teste le radium sur sa peau. Brûlure, puis plaie : l'action sur l'homme est prouvée. Bientôt le radium sert à traiter les tumeurs malignes. La curiethérapie est née. En 1903, Marie soutient sa thèse. En commun avec Becquerel, les Curie reçoivent le prix Nobel de physique pour leur découverte de la radioactivité naturelle. Bonheur de courte durée. En 1906, Pierre, affaibli par les rayons, surmené, meurt écrasé par une voiture. Marie doit continuer seule. Elle assume l'éducation de leurs deux enfants, reprend le poste que son mari avait enfin obtenu à la Sorbonne, et devient ainsi la première femme à y avoir une chaire.

Il lui faut aussi affronter les préjugés de l'époque : xénophobie et sexisme qui, en 1911, empêchent son entrée à l'Académie des sciences. Pourtant, peu après, un prix Nobel de chimie l'honore pour avoir déterminé le poids atomique du radium. Mais sa vraie joie est de « soulager la souffrance humaine ». La réalisation, en 1914, de l'Institut du radium, par l'université de Paris et l'Institut Pasteur doit le lui permettre.

... au rêve humanitaire

Mais la guerre éclate. *« Il faut agir, agir »*, affirme Marie, entraînant avec elle sa fille, Irène. Les rayons X peuvent localiser éclats d'obus et balles, faciliter les opérations chirurgicales ; il faut éviter le transport des blessés. Aussi, Marie crée-t-elle des voitures radiologiques. Elle ne s'arrête pas là et équipe les hôpitaux. On utilise alors pour toute protection un écran de métal et des gants de tissu ! Reste à convaincre des médecins réticents et à trouver des manipulateurs de qualité. Qu'à cela ne tienne. Marie forme 150 manipulatrices.

La guerre achevée, elle s'installe dans son institut, avec Irène. Marie dirige le laboratoire de recherche, le docteur Claudius Regaud, celui de biologie appliquée. Pour partager de semblables idéaux et un même désintéressement financier, leur collaboration se révèle harmonieuse. Les physiciens et chimistes procurent le radium, les médecins traitent les malades du cancer. Marie collecte fonds et matière première — dont les prix flambent — jusqu'aux États-Unis, mais accepte mal que prédominent de sombres intérêts économiques.

Épuisée, presque aveugle, les doigts brûlés, stigmatisés par « son » cher radium, Marie meurt de leucémie en juillet 1934. Cette femme de soixante-sept ans qui, *« sous un abord froid et une réserve extrême cachait, en réalité, une floraison de sentiments délicats et généreux »*, selon le docteur Claudius Regaud, a incroyablement été exposée aux rayonnements. D'autres chercheurs, après elle, en paieront aussi le prix, et notamment sa fille. Acharnée comme elle, dans le même laboratoire, Irène vient de découvrir en janvier avec Frédéric Joliot, son mari, la radioactivité artificielle, qui leur vaudra aussi un prix Nobel. À l'origine des traitements du cancer et des techniques de datation des objets anciens, des roches et de l'univers, comme de la biologie moléculaire et de la génétique moderne, la radioactivité est aussi à la source de l'énergie nucléaire et de la bombe atomique. Le revers de la médaille.

Un institut rayonnant

À deux pas du Panthéon se dresse l'Institut aujourd'hui nommé Curie. Sa mission est de promouvoir la coopération entre les sciences physiques, chimiques, biologiques et médicales avec pour finalité la prévention, le diagnostic et le traitement du cancer. Plus de 400 personnes travaillent dans sa section de recherche et 900 dans la section médicale. Biologie moléculaire et cellulaire des tumeurs, gènes et mécanismes immunitaires, synthèse et développement de nouvelles molécules figurent parmi les axes de recherche.

Avec sa zone de radiothérapie remarquablement équipée, ses installations de pointe en imagerie, l'hôpital Claudius Regaud est un outil des plus performants. Chaque année on y donne 70 000 consultations, 6 000 patients y sont hospitalisés, et une maison accueille les parents des enfants traités.

À Orsay, en banlieue parisienne, l'Institut Curie dispose aussi d'un centre de protonthérapie, permettant d'irradier des tumeurs peu accessibles par chirurgie, en préservant les tissus sains. Enfin, des essais de thérapie génique sont en cours.

EXERCICE

O Answer the following questions.

1 Where was Marie Curie born? _____

2 Where did she meet her husband, Pierre Curie? _____

3 What was unprecedented about Marie Curie's being named to the Panthéon?

_____

4 What was Marie Curie's foremost discovery? _____

5 Did her son work closely with her? _____

ROOTS

Marie Curie nous a permis d'approfondir la compréhension de la science. The adjective profond is the root of the verb approfondir. Many French adjectives have a corresponding verb.

grand	big	*agrandir*	to enlarge
long	long	*prolonger, rallonger*	to extend, to make longer
large	wide	*élargir*	to widen
étroit	narrow	*rétrécir*	to shrink
court	short	*raccourcir*	to shorten
rond	round	*arrondir*	to round off
haut	high	*rehausser*	to raise
bas	low	*rabaisser*	to lower

Médecins Sans Frontières

Toujours dans le domaine de la science, depuis des décennies, des médecins pas comme les autres font beaucoup parler d'eux. Il s'agit des Médecins Sans Frontières (MSF). En 1999, on leur a décerné le Prix Nobel pour la Paix. Que font-ils ? Voici quelques facettes de leurs activités pour illustrer leur travail sur le terrain.

Soigner

Soulager les souffrances en étant présent auprès de ceux qui en ont besoin, dans le respect de leur dignité et en s'attachant à offrir les meilleurs soins possibles pour chacun, telle est l'intention de MSF. MSF secourt et soigne des personnes traversant une crise qui menace leur santé aussi bien physiquement et mentalement. Plus des deux tiers des volontaires qui partent sur le terrain sont des chirurgiens, anesthésistes, infirmières, sages-femmes, psychiatres, psychologues, épidémiologistes, médecins, pharmaciens ou laborantins. Dans des contextes de guerres, d'épidémies, de famines, ils opèrent les blessés, soignent les malades, mènent des campagnes de vaccination, mettent en place des programmes de nutrition médicalisée, apportent un soutien psychologique aux personnes traumatisées. Ils aident aussi à relancer et à approvisionner les structures de soins existantes, forment du personnel médical.

Réfugiés

Dans le sillage des guerres et des catastrophes, les réfugiés et déplacés, contraints de fuir leur région en abandonnant leurs biens, n'ont plus les moyens de subvenir à leurs besoins vitaux. En lien avec le HCR (Haut Commissariat des Nations Unies pour les réfugiés) et le pays d'accueil, et après une enquête permettant d'évaluer les besoins, MSF assure soins médicaux, vaccination, distribution de nourriture, construction d'abris, traitement de l'eau et des déchets.

Catastrophes naturelles

Quand survient un tremblement de terre, un cyclone ou une inondation, il faut, au plus vite, accéder à la zone sinistrée, aider à l'organisation des secours avec les autorités locales, soigner les blessés, construire des abris, distribuer eau et couvertures.

Texte extrait du site Web http://www.paris.msf.org.

Nourrir

Les disettes, et, plus exceptionnelles, les famines, sont rarement la conséquence de catastrophes naturelles et s'inscrivent plutôt dans le sillage des conflits... Chaque année MSF prend en charge des milliers de personnes malnourries, en particulier les enfants, dans ses centres de nutrition thérapeutique et supplémentaire. Ces interventions sont précédées d'enquêtes nutritionnelles pour évaluer l'ampleur de la malnutrition. Dans les centres médicalisés, avec pesée régulière et surveillance de l'état de santé, les volontaires internationaux, aidés par les équipes nationales, traitent les enfants les plus sévèrement atteints, afin qu'ils retrouvent peu à peu une alimentation et un poids normaux. Les programmes de supplémentation nutritionnelle sont en général destinés aux personnes les plus vulnérables (enfants de moins de cinq ans, femmes enceintes et allaitantes, personnes âgées). En lien avec d'autres acteurs et avec les ressources locales, le Secteur Alimentaire de MSF peut aussi procéder à des distributions générales de nourriture en cas de pénurie alimentaire aiguë. Il peut être amené à s'engager dans des programmes de relance des activités agricoles (distribution d'outils et de semences).

MSF est une organisation humanitaire médicale d'urgence créée en 1971 à Paris par des médecins et des journalistes. Devenue depuis un mouvement international, l'association s'est donnée pour mission de venir en aide à des populations en détresse, sans aucune discrimination et dans le respect de la dignité humaine.

MSF apporte une assistance médicale aux populations qui subissent une crise, quand leur santé ou leur survie sont menacées, qu'elles sont victimes de violences ou qu'elles ne peuvent plus bénéficier des soins vitaux. Guerres, famines, épidémies, catastrophes naturelles, déplacements de populations... Ces crises nécessitent des interventions rapides et efficaces pour soigner les blessés et malades, rétablir des conditions de vie décentes en assurant l'approvisionnement en eau, la nutrition, l'assainissement, la construction d'abris...

Au-delà des interventions en urgence, MSF s'intéresse aux conséquences sur la santé des grandes inégalités économiques et sociales en menant des programmes d'accès aux soins et de lutte contre les maladies infectieuses.

Quand l'impact de l'acte médical est limité par les violences subies par les populations et que l'aide humanitaire contribue à masquer ces violences, les MSF sensibilisent le public aux exactions dont ils sont témoins ou aux manquements aux conventions internationales qui protègent les personnes et rend compte de ses propres actions.

Cette liberté d'action et de parole s'appuie sur l'indépendance financière de Médecins Sans Frontières, obtenue grâce à des fonds privés recueillis auprès de ses donateurs.

EXERCICE

P Answer the following questions.

1 When was *Médecins Sans Frontières* created? _____

2 Is MSF a governmental agency? _____

3 Are MSF doctors mostly internists?

_____

4 What role do they play in the event of a natural disaster?

_____

_____

5 Do they play an indirect political role?

_____

_____

Adolphe Sax

Antoine Joseph Sax, alias Adolphe Sax, est né à Dinant en 1814. Il est issu d'une famille de fabricants d'instruments. Son père, Charles Joseph Sax possède un atelier de fabrication d'instruments à vent situé à Bruxelles. Cette petite entreprise emploie 250 travailleurs. Sax senior reçoit de nombreuses commandes de l'État, aussi bien sous le régime hollandais qu'après la révolution belge. Il obtient aussi de nombreuses distinctions à l'occasion d'expositions industrielles.

Adolphe Sax, fabriquant d'instruments

Sax junior s'initie à la musique, dès 1828, à l'École Royale de Musique de Bruxelles, créée sous le régime hollandais.

Il suit également des leçons de clarinette. Pour cet instrument, il développe un nouveau système de 24 clefs dont il fait la démonstration lors de l'Exposition industrielle de Bruxelles en 1835 et qu'il fera breveter.

Sax travaille ensuite à la création d'une série de nouveaux instruments. C'est à l'occasion de l'Exposition industrielle de Bruxelles de 1841 qu'il organise, pour la première fois, une audition officielle de sa création : le saxophone (signification littérale : la voix de Sax). Comme il n'est pas encore breveté, Sax joue derrière un rideau afin que personne ne sache quel instrument émet des sons aussi divins.

En Belgique, cependant, Sax n'obtient pas la reconnaissance escomptée. Il part donc pour l'étranger.

En 1842, il débarque à Paris, sur les conseils du lieutenant général, le Comte de Rumigny, qui voit en lui la personne idéale pour renouveler les chapelles musicales militaires françaises.

En 1843, Sax ouvre une première fabrique d'instruments à Paris : « Adolphe Sax & Cie ». Au sommet de son activité, il emploie quelques 200 ouvriers. Dans toute sa carrière, Sax produira environ 40.000 instruments.

Les procès

En 1845, au Champ de Mars à Paris, un concours décisif est organisé entre les formations musicales mises sur pied par Sax et celles de Carafa, partisan des instruments traditionnels. L'orchestre de Sax sort vainqueur du concours : un arrêté ministériel décrète même que les instruments de Sax doivent être obligatoirement repris dans les chapelles musicales militaires françaises.

C'est ainsi que Sax obtient une position de monopole guère appréciée par ses concurrents qui lui intentent des procès portant sur la mise en cause de l'originalité de ses inventions.

Après plusieurs années de querelles juridiques, la Cour de Rouen rejettera toutes les plaintes en concluant à l'originalité des inventions de Sax.

Sur base de cette décision, Sax intente un procès contre deux douzaines de fabricants d'instruments à vent français qu'il accuse d'avoir copié ses instruments.

La période sombre

Ces procès continuels et les circonstances politiques et économiques de l'époque, finissent par avoir des conséquences néfastes sur la production et la vente d'instruments de musique.

Après la révolution de 1848, la toute jeune République fait fi du décret ministériel de 1845. La musique militaire se fera désormais sans les instruments de Sax !

Il s'ensuit une première faillite de l'entreprise de Sax. Le décret est néanmoins réhabilité en 1854, sous le Second Empire et Sax temporairement sauvé !

Durant la guerre franco-allemande, la production est à nouveau battue en brèche et lors de la troisième faillite, sa collection personnelle d'instruments, 467 pièces, fait même l'objet d'une vente publique.

Sax meurt en 1894, après avoir obtenu, au terme de sa vie, la reconnaissance qui lui est due.

Sax, l'inventeur

Les nombreuses inventions de Sax témoignent de son important champ d'intérêt. La plupart d'entre elles concernent, il est vrai, les instruments à vent en cuivre. Mais Sax introduit aussi des nouveautés dans la vie de tous les jours, comme un appareil de signalisation pour les chemins de fer, des appareils purificateurs d'air, un appareil d'entraînement pour les voies aériennes et un procédé de soudure.

Le Saxophone : La voix du maître

Lorsqu'il créa le saxophone, Adolphe Sax nourrissait sans doute l'espoir que son invention traverserait les siècles. Aujourd'hui plus que jamais, l'œuvre de ce génial inventeur et fabricant d'instruments connaît un énorme succès.

En 1994, on a commémoré le 100e anniversaire de la mort d'Adolphe Sax, surtout à Dinant, sa ville natale.

EXERCICES

Q Answer the following questions.

1 How did Charles Sax make a living? _____

2 What system did Adolphe Sax create for the clarinet?

_____

3 When did he arrive in Paris? _____

4 Why did he leave Belgium?

_____

5 Why did Sax sue other instrument makers?

_____

MUSICAL INSTRUMENTS

Musical instruments are most often classified by their means of producing sound.

Les instruments à cordes
la lyre, la harpe, le luth, la guitare, le clavecin

Les instruments à vent
la flûte, le hautbois, le cor, la clarinette, le saxophone, le trombone, la trompette

Les instruments à vent et à clavier
l'orgue

Les instruments à percussion
le tam-tam, le tambour, le vibraphone, le xylophone, le triangle, les castagnettes

Les instruments électriques et électroniques
l'orgue électronique, le synthétiseur

-EUR NOUNS

Many nouns denoting machines, such as *le purificateur*, end in *-eur* and tend to be masculine.

R Give the English equivalent of the following expressions.

1 *le moteur*   _____

2 *le réfrigérateur*   _____

3 *le climatiseur*   _____

4 *l'aspirateur*   _____

5 *le ventilateur*   _____

6 *le détecteur*　　　_____

7 *l'amplificateur*　　_____

8 *le simulateur cardiaque*　_____

9 *le vélomoteur*　　　_____

10 *le générateur*　　　_____

11 *le pulvérisateur*　　_____

12 *le transmetteur*　　_____

MORE *-EUR* NOUNS

Many nouns denoting profession or occupation also end in *-eur*. Some change the ending to form the feminine.

MALE	FEMALE
le chanteur	*la chanteuse*
le directeur	*la directrice*

Some keep the *-eur* ending and the masculine article even when they refer to women.

MALE	FEMALE
le professeur	*le professeur*
le compositeur	*le compositeur*

S　Give the English equivalent of the following nouns.

1 *le professeur*　　_____

2 *le directeur*　　_____

3 *l'inventeur*　　　_____

4 *le compositeur*　_____

5 *le chanteur*　　　_____

6 *le danseur*　　　_____

7 *le traiteur*　　　_____

8 *le percepteur*　　_____

Explique-moi tous les symboles

Les symboles français

Afin de mieux comprendre les singularités de la France et de la société française, il est essentiel de se pencher sur ses nombreux symboles, devises et institutions.

Les devises

Héritage du siècle des Lumières, la devise *Liberté, Égalité, Fraternité* est invoquée pour la première fois lors de la Révolution française. Remise en cause à maintes reprises, cette devise a fini par s'imposer. Elle fait aujourd'hui partie du patrimoine national. On la trouve sur des objets de grande diffusion comme les pièces de monnaie, les timbres et sur bon nombre d'édifices.

Voici d'autres devises françaises.

À cœur vaillant, rien d'impossible.
   Jacques Cœur (1395 ?–1456), marchand et banquier français

Diviser pour régner.
   Machiavel (1469–1527), historien, politicien et philosophe italien

Nec pluribus impar. (Latin ; equivalent to *Au-dessus de tous.*)
   Louis XIV (1638–1715), roi de France

J'aime qui m'aime.
   Alexandre Dumas (1802–1870), écrivain français

Je sème à tout vent.
   Pierre Larousse (1817–1875), lexicographe français

Voici d'autres devises.

Notre confiance est en Dieu.
   États-Unis

Je me souviens.
   Québec

L'union fait la force.
   Belgique

Un pour tous, tous pour un.
   Suisse

Dieu, la Patrie, le Roi.
   Maroc

Un peuple, un but, une foi.
   Sénégal

Le coq

Un autre symbole français est le roi de la basse-cour, le coq.

Le coq apparaît dès l'Antiquité sur des monnaies gauloises. Il est le symbole de la vigilance et du peuple français en raison du jeu de mots latin « gallus », qui signifie à la fois « gallois » et « coq ». Même si la République française préfère aujourd'hui le symbole de la Marianne, le coq figure toutefois sur le sceau de l'État : la liberté assise tient un gouvernail orné d'un coq. Il est utilisé pour évoquer la France, notamment comme emblème sportif. L'onomatopée imitant le cri du coq, cocorico, symbolise le chauvinisme français.

EXERCICE

ONOMATOPOEIC WORDS

French has several onomatopoeic words besides *cocorico*.

aïe	*exprime la douleur* (pain)
tic-tac	*exprime le bruit sec et régulier d'une horloge* (clock)
boum	*exprime le bruit d'une explosion* (explosion)
pouah	*exprime le dégoût* (disgust)

A Match the onomatopoeic word in the first column with the appropriate explanation in the second column.

1 _____ *plouf*

2 _____ *atchoum*

3 _____ *vroum-vroum*

4 _____ *glouglou*

5 _____ *hep*

a *exprime le bruit d'un liquide s'échappant d'une bouteille*

b *exprime le bruit d'un objet qui tombe dans l'eau*

c *sert à interpeller quelqu'un*

d *exprime le bruit d'une personne qui éternue*

e *exprime le vrombissement d'un moteur*

Marianne

Un autre symbole très visible est celui de Marianne qui incarne la République. Les premières représentations d'une femme à bonnet phrygien, allégorie de la Liberté et de la République, apparaissent sous la Révolution française. Cependant, l'origine de l'appellation de Marianne demeure toujours vague. Une éventuelle explication : Marie-Anne, prénom fort répandu au XVIIIe siècle, représentait le peuple. De nos jours, toutes les mairies sont dotées d'un buste de Marianne. Les représentations les plus en vogue sont celles reprenant les traits de Brigitte Bardot,

Catherine Deneuve, Inès de la Fressange et Laetitia Casta. En marge des représentations officielles, des représentations libres se multiplient. Les caricaturistes s'emparent de Marianne comme image symbolisant la nation.

EXERCICE

GIVEN NAMES

🔎 Catherine, Julien, Yan, Juliette. Given names are a fascinating subject; a name may be popular for a time, then disappear, only to emerge later, according to the fashion of the day.

Some names have multiple spellings.

Marianne　　*Marie-Anne*

Some names may be used for both genders.

Claude
Camille
Dominique

Other names may have a slightly different form and pronunciation for the genders.

François	*Françoise*
Paul	*Paule*
Laurent	*Laurence*
Florent	*Florence*

Still others, though spelled differently, are pronounced the same.

Michel	*Michèle*
André	*Andrée*
Frédéric	*Frédérique*
Pascal	*Pascale*

B Give the feminine form of the following first names.

1 *Christian* _____

2 *Fabien* _____

3 *Benjamin* _____

4 *Jacques* _____

5 *Jean* _____

La Marseillaise

Comment envisager les symboles sans musique ?

À l'origine chant de guerre révolutionnaire et hymne à la liberté, la Marseillaise s'est imposée progressivement comme un hymne national. En 1792, Rouget de Lisle, officier français en poste à Strasbourg, compose dans la nuit du 25 au 26 avril, le « Chant de guerre pour l'armée du Rhin ». Ce chant est repris par les fédérés de Marseille participant à l'insurrection des Tuileries le 10 août 1792. Son succès est tel qu'il est déclaré chant national le 14 juillet 1795. La Marseillaise accompagne aujourd'hui la plupart des manifestations officielles.

Seules trois strophes sont reproduites ici.

Allons enfants de la Patrie,
Le jour de gloire est arrivé !
Contre nous de la tyrannie
L'étendard sanglant est levé. (*bis*)
Entendez-vous dans nos campagnes
Mugir ces féroces soldats,
Qui viennent jusque dans nos bras
Égorger nos fils et nos compagnes.

Refrain
Aux armes citoyens !
Formez vos bataillons !
Marchons, marchons
Qu'un sang impur
Abreuve nos sillons !

Tremblez tyrans et vous perfides,
L'opprobre de tous les partis.
Tremblez, vos projets parricides
Vont enfin recevoir leur prix. (*bis*)
Tout est soldat pour vous combattre.
S'ils tombent nos jeunes héros,
La France en produit de nouveaux
Contre vous tout prêts à se battre.

Refrain

Nous entrerons dans la carrière
Quand nos aînés n'y seront plus.
Nous y trouverons leur poussière
Et la trace de leurs vertus. (*bis*)
Bien moins jaloux de leur survivre
Que de partager leur cercueil,
Nous aurons le sublime orgueil
De les venger ou de les suivre.

Refrain

EXERCICE

C Answer the following questions.

1 In what year was *la Marseillaise* composed? _____

2 Name the three French actresses who became symbols of the Republic.

_____

3 What animal is the symbol of France? _____

4 What is Quebec's motto? _____

5 What is the French motto you are most likely to see on coins, stamps, and

buildings? _____

Les drapeaux

Le drapeau français

Un autre symbole est le drapeau français qui souvent partage la scène avec le drapeau européen.

Emblème national, le drapeau tricolore à trois bandes verticales d'égales dimensions est né de la réunion, sous la Révolution française, des couleurs du roi (blanc) et de la ville de Paris (bleu et rouge). Aujourd'hui, le drapeau tricolore flotte sur tous les bâtiments publics; il est déployé dans la plupart des cérémonies officielles civiles ou militaires et lors des commémorations nationales. Lorsque le Président de la République s'exprime publiquement, le drapeau français est souvent placé derrière lui.

Le drapeau européen

Le 26 mai 1986, le drapeau bleu aux douze étoiles, adopté en 1955 par le Conseil de l'Europe, devient officiellement le drapeau de la Communauté européenne (la C.E.). Les étoiles, figurant les peuples d'Europe, forment le cercle en signe d'union. Disposées comme les heures sur le cadran d'une montre, leur nombre invariable de douze symbolise perfection et plénitude. Le nombre d'étoiles n'étant pas lié au nombre d'États membres, le drapeau ne sera donc pas modifié lors des prochains élargissements. Chaque pays conserve son propre drapeau.

L'Académie française

Retournons aux symboles et aux institutions de la France en jetant un coup d'œil à la célèbre Académie française, haut lieu de la protection de la langue française. Notons en passant qu'en élisant Julien Green en 1971, Léopold Sédar Senghor en 1983, Marguerite Yourcenar en 1989, François Cheng en 2002, l'Académie française s'est ouverte aux étrangers francophones et aux femmes...

D'abord un peu d'histoire

L'Académie française fut fondée en 1635 par le cardinal de Richelieu. Les statuts et règlements visés par le Cardinal, avec les lettres patentes signées en 1635 par Louis XIII et enregistrées par le Parlement en 1637, consacrèrent le caractère officiel d'une compagnie de lettrés, qui se réunissaient auparavant de manière informelle.

La mission qui lui fut assignée dès l'origine était de fixer la langue française, de lui donner des règles, de la rendre pure et compréhensible par tous. Elle devait dans cet esprit commencer par composer un dictionnaire. La première édition de celui-ci fut publiée en 1694, les suivantes en 1718, 1740, 1762, 1798, 1835, 1878, 1932–1935, 1992. La neuvième édition est en cours de publication.

L'Académie tint ses séances d'abord chez tel ou tel de ses membres, puis chez le chancelier Séguier à partir de 1639, au Louvre à partir de 1672, et enfin au collège des Quatre-Nations, devenu palais de l'Institut, de 1805 à nos jours. Au cours de ses trois siècles et demi d'existence, elle a su maintenir ses institutions, qui ont fonctionné avec régularité, hormis l'interruption de 1793–1803.

Le cardinal de Richelieu s'était proclamé protecteur de l'Académie. À sa mort, cette protection fut exercée par le chancelier Séguier, puis par Louis XIV et, par la suite, par tous les rois, empereurs et chefs d'État successifs de la France.

Texte extrait du site Web www.academie-francaise.fr.

EXERCICE

D Answer the following questions.

1 Who was the founder of *l'Académie française*? _____

2 When was it founded? _____

3 What was its original mission?

_____

4 In what year was a Chinese scholar elected to *l'Académie française*?

_____

5 When was its first dictionary published? _____

THE *PASSÉ SIMPLE*

Narratives often use a literary tense called the *passé simple*, also called the past historic. This tense is translated like the *passé composé*.

Elle a été fondée (*passé composé*) and *elle fut fondée* (*passé simple*) both mean "it was founded."

Il a voyagé (*passé composé*) and *il voyagea* (*passé simple*) both mean "he traveled."

The forms of the *passé simple* for representative regular verbs are given below.

PUBLIER	*FINIR*	*VENDRE*
je publiai	*je finis*	*je vendis*
tu publias	*tu finis*	*tu vendis*
il/elle publia	*il/elle finit*	*il/elle vendit*
nous publiâmes	*nous finîmes*	*nous vendîmes*
vous publiâtes	*vous finîtes*	*vous vendîtes*
ils/elles publièrent	*ils finirent*	*ils vendirent*

Some irregular verbs use the endings *-us, -us, -ut, -ûmes, -ûtes, -urent*. The third-person singular form for common irregular verbs is given below.

être	*il fut*
avoir	*il eut*
dire	*il dit*
répondre	*il répondit*
faire	*il fit*
savoir	*il sut*
boire	*il but*
mourir	*il mourut*
falloir	*il fallut*
plaire	*il plut*
éteindre	*il éteignit*

PREPOSITIONS AFTER VERBS

Many French verbs require a preposition before a second verb in the infinitive; some of these verbs can be used with two or even three different prepositions.

Commencer par means "to begin by _____."

L'Académie devait commencer par composer un dictionnaire.	The Academy had to begin by putting together a dictionary.

Commencer à means "to begin to _____."

Il a commencé à étudier le français à l'âge de huit ans.	He began studying French when he was eight years old.

Quel est le rôle de l'Académie de nos jours?

Le rôle de l'Académie française est double: veiller sur la langue française et accomplir des actes de mécénat.

La première mission lui a été conférée dès l'origine par ses statuts. Pour s'en acquitter, l'Académie a travaillé dans le passé à fixer la langue, pour en faire un patrimoine commun à tous les Français et à tous ceux qui pratiquent notre langue. Aujourd'hui, elle agit pour en maintenir les qualités et en suivre les évolutions nécessaires. Elle en définit le bon usage. Elle le fait en élaborant son dictionnaire qui fixe l'usage de la langue, mais aussi par ses recommandations et par sa participation aux différentes commissions de terminologie.

La seconde mission—le mécénat—non prévue à l'origine, a été rendue possible par les dons et legs qui lui ont été faits. L'Académie décerne chaque année environ quatre-vingts prix littéraires.

Mention particulière doit être faite du grand prix de la Francophonie, décerné chaque année depuis 1986, qui témoigne de l'intérêt constant de l'Académie pour le rayonnement de la langue française dans le monde.

L'Académie attribue aussi des subventions à des sociétés littéraires ou savantes, des œuvres de bienfaisance, des aides à des familles nombreuses, aux veuves, aux personnes défavorisées ou qui se sont distinguées par l'accomplissement d'actes de dévouement ainsi qu'un certain nombre de bourses (Bourses Zellidja, Neveux, Corblin, Damade).

Quelle est sa composition?

L'Académie française se compose de 40 membres élus par leurs pairs. Depuis sa fondation, elle a reçu en son sein plus de 700 membres. Elle

Texte extrait du site Web www.academie-francaise.fr.

rassemble des poètes, des romanciers, des hommes de théâtre, des philosophes, des médecins, des hommes de science, des ethnologues, des critiques d'art, des militaires, des hommes d'État, des hommes d'Église, qui ont tous illustré particulièrement la langue française.

Par sa composition variée, elle offre une image fidèle du talent, de l'intelligence, de la culture, de l'imagination littéraire et scientifique qui fondent le génie de la France.

Les académiciens doivent leur surnom d'immortels à la devise « À l'immortalité », qui figure sur le sceau donné à l'Académie par son fondateur, le cardinal de Richelieu. Ils ont été, et sont aujourd'hui, habilités à être des juges éclairés du bon usage des mots, et donc à bien définir les notions et les valeurs dont ces mots sont porteurs. Leur autorité morale en matière de langage s'enracine dans des usages, des traditions, un faste.

Le célèbre « habit vert », que les académiciens revêtent, avec le bicorne, la cape et l'épée, lors des séances solennelles sous la Coupole, a été dessiné sous le Consulat. Il est commun à tous les membres de l'Institut de France.

L'élection à l'Académie française est souvent considérée par l'opinion comme une consécration suprême. La qualité d'académicien est une dignité inamovible. Nul ne peut démissionner de l'Académie française. Des exclusions peuvent être prononcées par la Compagnie pour de graves motifs entachant l'honneur ; ces exclusions au cours de l'histoire ont été rarissimes.

Comment devenir immortel ?

La mort d'un académicien entraîne la déclaration de vacance du fauteuil dont il était titulaire. Toute personne peut se porter candidat à ce fauteuil. Si les gens de lettres sont nombreux dans la Compagnie, il n'est pas indispensable d'appartenir aux professions littéraires pour être élu. Des hommes d'État, des ecclésiastiques, des philosophes, des juristes, des savants, des médecins, des historiens, etc, siègent aux côtés des écrivains.

L'acte de candidature se fait par simple lettre adressée au Secrétaire perpétuel. Il existe aussi une procédure de présentation de candidature posée par un ou plusieurs membres de l'Académie. L'usage veut que le candidat offre de rendre visite à chacun des académiciens. Certains d'entre eux l'acceptent, d'autres déclinent cette offre.

Est élu le candidat qui recueille la majorité absolue des suffrages exprimés, laquelle n'est parfois atteinte qu'après plusieurs tours. Le quorum est de vingt présents. L'élection ne devient définitive qu'après approbation du président de la République, protecteur de l'Académie, qui la manifeste en donnant audience au nouvel élu. Le nouvel élu se fait confectionner un costume avec broderies—le célèbre habit vert—, agrémenté d'un bicorne, d'une cape et d'une épée. Il doit composer un discours de remerciement, dans lequel il n'omettra pas de prononcer l'éloge de son prédécesseur.

Huit jours avant la réception publique, le nouvel académicien est installé par ses pairs en séance ordinaire. La réception solennelle se tient sous la Coupole en présence d'un public invité. Le récipiendaire lit son remerciement. Un académicien lui répond par un discours de bienvenue.

EXERCICES

E Answer the following questions.

1 Why was the *Prix de la Francophonie* created?

_____

2 Do you need to be a writer to be elected to *l'Académie française*?

_____

3 How many literary prizes does *l'Académie* award every year? _____

4 Do the Immortels elected to *l'Académie* usually resign from their position?

_____

5 When does a seat become vacant? _____

THE VERB *RENDRE*

To express the notion "to make someone" + adjective, the verb *rendre* is used.

Les escargots qu'elle a mangés l'ont rendue malade.	The escargots she ate made her sick.
Le discours de Victor Hugo a rendu la foule nostalgique.	Victor Hugo's speech made the crowd nostalgic.
L'élection de François Cheng à l'Académie française m'a rendue heureuse.	The election of François Cheng to *l'Académie française* made me happy.
Tu vas me rendre fou !	You're going to drive me crazy!

Rendre is also used in many idiomatic expressions and fixed phrases.

Le candidat rend visite à l'académicien.	The candidate calls on the member of *l'Académie française*.
Elle a rendu ses livres à la bibliothèque.	She returned her books to the library.
Il n'a pas rendu toute la somme qu'il avait empruntée.	He didn't pay back the entire amount he had borrowed.

Cet instrument rend des sons harmonieux.	This instrument makes harmonious sounds.
La caissière s'est trompée en me rendant la monnaie.	The cashier made a mistake in giving me my change.
L'étudiant a rendu sa copie à la fin de l'examen.	The student turned his paper in at the end of the exam.
Cette terre rend peu de blé.	This ground doesn't produce much wheat.
Mon vieux voisin a rendu l'âme.	My old neighbor passed away.
Mon vieil ordinateur a rendu l'âme.	My old computer died.
Il lui a bien rendu la pareille.	He paid her back well.
Les soldats ont rendu les armes.	The soldiers laid down their arms.
Ils se sont rendus à l'ennemi.	They surrendered to the enemy.
Il ne se rend pas compte de son arrogance.	He doesn't realize how arrogant he is.
Il faudra bien vous rendre à l'évidence.	You'll have to face reality.
Que puis-je faire pour me rendre utile?	What can I do to be of assistance?

F Translate the following sentences into French, using the **tu** form when necessary.

1 She does not realize her daughter's talent.

_____

2 They paid a visit to their cousins last weekend.

_____

3 Did you return all your books to the library?

_____

4 Lend me 100 euros; I'll pay you back tomorrow.

_____

5 This noise will drive her crazy.

_____

Les discours

Speech-making is another French institution. Napoleon and the Immortels are not the only ones to make speeches. Another great figure in French history notorious for his speeches was Victor Hugo. First read the following speech silently, then read it aloud in the very dramatic *hugolien* fashion. This is a great exercise in diction.

Mises à part ses nombreuses œuvres littéraires, Victor Hugo, homme politique, nous a laissé de célèbres discours. Le discours au Congrès de la Paix prononcé le 21 août 1849 s'inscrit dans l'idéal de fraternité des peuples issu de la révolution de 1848. Il est extrait de Actes et Paroles I, Avant l'exil, *paru près de cinq ans après son retour d'exil sur l'île de Guernesey.*

Messieurs, beaucoup d'entre vous viennent des points du globe les plus éloignés, le cœur plein d'une pensée religieuse et sainte ; vous comptez dans vos rangs des publicistes, des philosophes, des ministres des cultes chrétiens, des écrivains éminents, plusieurs de ces hommes considérables, de ces hommes publics et populaires qui sont les lumières de leur nation. Vous avez voulu dater de Paris les déclarations de cette réunion d'esprits convaincus et graves, qui ne veulent pas seulement le bien d'un peuple, mais qui veulent le bien de tous les peuples. [*applaudissements*] Vous venez ajouter aux principes qui dirigent aujourd'hui les hommes d'état, les gouvernants, les législateurs, un principe supérieur. Vous venez tourner en quelque sorte le dernier et le plus auguste feuillet de l'Évangile, celui qui impose la paix aux enfants du même Dieu, et, dans cette ville qui n'a encore décrété que la fraternité des citoyens, vous venez proclamer la fraternité des hommes.

Soyez les bienvenus ! [*long mouvement*]

En présence d'une telle pensée et d'un tel acte, il ne peut y avoir place pour un remerciement personnel. Permettez-moi donc, dans les premières paroles que je prononce devant vous, d'élever mes regards plus haut que moi-même, et d'oublier, en quelque sorte, le grand honneur que vous venez de me conférer, pour ne songer qu'à la grande chose que vous voulez faire.

Messieurs, cette pensée religieuse, la paix universelle, toutes les nations liées entre elles d'un lien commun, l'Évangile pour loi suprême, la médiation substituée à la guerre, cette pensée religieuse est-elle une pensée pratique ? cette idée sainte est-elle une idée réalisable ? Beaucoup d'esprits positifs, comme on parle aujourd'hui, beaucoup

---

Texte extrait du site Web http://crdp.ac-lille.fr/sceren/hugo/congres.htm.

d'hommes politiques vieillis, comme on dit, dans le maniement des affaires, répondent : Non. Moi, je réponds avec vous, je réponds sans hésiter, je réponds : Oui ! [*applaudissements*] et je vais essayer de le prouver tout à l'heure.

Je vais plus loin ; je ne dis pas seulement : C'est un but réalisable, je dis : C'est un but inévitable ; on peut en retarder ou en hâter l'avènement, voilà tout.

La loi du monde n'est pas et ne peut pas être distincte de la loi de Dieu. Or, la loi de Dieu, ce n'est pas la guerre, c'est la paix. [*applaudissements*] Les hommes ont commencé par la lutte, comme la création par le chaos. [« *Bravo ! bravo !* »] D'où viennent-ils ? De la guerre ; cela est évident. Mais où vont-ils ? À la paix ; cela n'est pas moins évident.

Quand vous affirmez ces hautes vérités, il est tout simple que votre affirmation rencontre la négation ; il est tout simple que votre foi rencontre l'incrédulité ; il est tout simple que, dans cette heure de nos troubles et de nos déchirements, l'idée de la paix universelle surprenne et choque presque comme l'apparition de l'impossible et de l'idéal ; il est tout simple que l'on crie à l'utopie ; et, quant à moi, humble et obscur ouvrier dans cette grande œuvre du dix-neuvième siècle, j'accepte cette résistance des esprits sans qu'elle m'étonne ni me décourage. Est-il possible que vous ne fassiez pas détourner les têtes et fermer les yeux dans une sorte d'éblouissement, quand, au milieu des ténèbres qui pèsent encore sur nous, vous ouvrez brusquement la porte rayonnante de l'avenir ? [*applaudissements*] [...]

Un jour viendra où l'on verra ces deux groupes immenses, les États-Unis d'Amérique, les États-Unis d'Europe [*applaudissements*], placés en face l'un de l'autre, se tendant la main par-dessus les mers, échangeant leurs produits, leur commerce, leur industrie, leurs arts, leurs génies, défrichant le globe, colonisant les déserts, améliorant la création sous le regard du Créateur, et combinant ensemble, pour en tirer le bien-être de tous, ces deux forces infinies, la fraternité des hommes et la puissance de Dieu ! [*longs applaudissements*]

Et ce jour-là, il ne faudra pas quatre cents ans pour l'amener, car nous vivons dans un temps rapide, nous vivons dans le courant d'événements et d'idées le plus impétueux qui ait encore entraîné les peuples, et, à l'époque où nous sommes, une année fait parfois l'ouvrage d'un siècle.

Et Français, Anglais, Belges, Allemands, Russes, Slaves, Européens, Américains, qu'avons-nous à faire pour arriver le plus tôt possible à ce grand jour ? Nous aimer. [*immenses applaudissements*]

Nous aimer ! Dans cette œuvre immense de la pacification, c'est la meilleure manière d'aider Dieu !

Car Dieu le veut, ce but sublime ! Et voyez, pour y atteindre, ce qu'il fait de toutes parts ! Voyez que de découvertes il fait sortir du génie humain, qui toutes vont à ce but, la paix! Que de progrès, que de simplifications! Comme la nature se laisse de plus en plus dompter par l'homme! comme la matière devient de plus en plus l'esclave de l'intelligence et la servante de la civilisation! comme les causes de guerre s'évanouissent avec les causes de souffrance! comme les peuples lointains se touchent! comme les distances se rapprochent! et le rapprochement, c'est le commencement de la fraternité!

Grâce aux chemins de fer, l'Europe bientôt ne sera pas plus grande que ne l'était la France au moyen âge! Grâce aux navires à vapeur, on traverse aujourd'hui l'Océan plus aisément qu'on ne traversait autrefois la Méditerranée! Avant peu, l'homme parcourra la terre comme les dieux d'Homère parcouraient le ciel, en trois pas. Encore quelques années, et le fil électrique de la concorde entourera le globe et étreindra le monde. [*applaudissements*] [...]

Ne nous laissons pas effrayer par des commotions momentanées, secousses nécessaires peut-être des grands enfantements. Ne soyons pas injustes pour les temps où nous vivons, ne voyons pas notre époque autrement qu'elle n'est. C'est une prodigieuse et admirable époque après tout, et le dix-neuvième siècle sera, disons-le hautement, la plus grande page de l'histoire. Comme je vous le rappelais tout à l'heure, tous les progrès s'y révèlent et s'y manifestent à la fois, les uns amenant les autres: chute des animosités internationales, effacement des frontières sur la carte et des préjugés dans les cœurs, tendance à l'unité, adoucissement des mœurs, élévation du niveau de l'enseignement et abaissement du niveau des pénalités, domination des langues les plus littéraires, c'est-à-dire les plus humaines; tout se meut en même temps, économie politique, science, industrie, philosophie, législation, et converge au même but, la création du bien-être et de la bienveillance, c'est-à-dire, et c'est là pour ma part le but auquel je tendrai toujours, extinction de la misère au dedans, extinction de la guerre au dehors. [*applaudissements*] [...]

Messieurs, je le dis en terminant, et que cette pensée nous encourage, ce n'est pas d'aujourd'hui que le genre humain est en marche dans cette voie providentielle. Dans notre vieille Europe, l'Angleterre a fait le premier pas, et par son exemple séculaire elle a dit aux peuples: Vous êtes libres. La France a fait le second pas, et elle a dit aux peuples: Vous êtes souverains. Maintenant faisons le troisième pas, et tous ensemble, France, Angleterre, Belgique, Allemagne, Italie, Europe, Amérique, disons aux peuples: Vous êtes frères! [*immense acclamation—L'orateur se rassied au milieu des applaudissements.*]

EXERCICES

G Answer the following questions.

1 Is the tone of Victor Hugo's speech pessimistic?

_____

2 During Hugo's time, what modes of travel were able to bring people closer together? _____

3 Did Victor Hugo believe in God? _____

4 Is Victor Hugo's audience exclusively French?

_____

5 Did he have a vision for a European community?

_____

THE SUBJUNCTIVE

Victor Hugo's speech uses the subjunctive mood in places.

Il est tout simple que... l'idée de la paix universelle **surprenne**...	It is quite obvious that . . . the idea of universal peace **may be surprising** . . .

The subjunctive is used to express will, emotion, and doubt. It follows many conjunctions and impersonal expressions. Many conjunctions and impersonal expressions in French require the following verb to be in the subjunctive.

*Je sais que Victor Hugo **fera** un beau discours ce soir.*
    (I know that + indicative)
*Je souhaite que Victor Hugo **fasse** un beau discours ce soir.*
    (I wish that + subjunctive)

*J'affirme que ses discours **sont** éloquents.*
    (I maintain that + indicative)
*Je suis émue que ses discours **soient** si éloquents.*
    (I am moved that + subjunctive)

*Je suis convaincu que l'audience **voudra** l'écouter des heures et des heures.*
    (I am convinced that + indicative)
*Je doute que l'audience **veuille** l'écouter des heures et des heures.*
    (I doubt that + subjunctive)

*Il est certain qu'il n'y **aura** pas assez de sièges.*
    (It is certain that + indicative)
*Il est douteux qu'il y **ait** des sièges inoccupés.*
    (It is doubtful that + subjunctive)

H Indicate whether the verbs set in bold type in the following sentences
are indicative (I) or subjunctive (S).

1 ____ *Ils sont ravis que l'hymne européen **soit interprété** par l'orchestre
philharmonique de Lyon.*

2 ____ *Elle est sûre que cet écrivain **sera** un jour **élu** à l'Académie française.*

3 ____ *Nous avons peur que le coq **fasse** trop de bruit demain matin et qu'il
nous **réveille**.*

4 ____ *Je doute qu'il y **ait** une jeune fille qui s'appelle Camille dans ce groupe.*

5 ____ *Nous pensons que la devise européenne **a été** bien **choisie**.*

Fais-moi découvrir la littérature contemporaine

The literary fragments that you are about to read offer a foretaste of an exquisite literary feast: contemporary French writing, represented by some of France's most talented and most famous writers. Critics, who have lauded the verbal virtuosity, stylistic elegance, poetic expressiveness, intellectual depth, and sheer beauty of contemporary French literature, often forget to mention the fact, which our excerpts confirm, that the best Francophone writers captivate the reader, even the reader whose native language isn't French. While the lexical and grammatical challenges for the foreign reader are real, they are far from insurmountable, and anyone will gladly tackle these obstacles if the reward is a great and uniquely accessible literary work. Indeed, accessibility is a crucial ingredient of French literary sophistication. French writers know that literature, particularly great literature, is anything but a secret code that only the select few can decipher. In addition to providing pure enjoyment, these excerpts also give you an idea of the social and intellectual complexities of the French-speaking world.

Hommage au monde francophone

Examinons une autre institution française, l'une des plus prestigieuses, le Collège de France. Le Collège de France est un grand établissement d'enseignement et de recherche situé en plein cœur de Paris. Bon nombre de colloques et de séminaires sont ouverts au grand public et sont gratuits.

Lors de cette entretien, Claude Hagège évoque la place de la langue française dans le monde.

Une certaine manière de concevoir et de dire le monde

Professeur au prestigieux Collège de France, diplômé d'arabe, de chinois, d'hébreu et de russe, auteur d'essais appréciés du grand public, Claude Hagège vient de faire paraître, à la rentrée 1996, un ouvrage, *le Français, histoire d'un combat,* trace écrite d'une série de dix émissions diffusées sur la chaîne éducative publique, la Cinquième. Cette vision offensive du destin de la langue française permet une relecture passionnante de l'histoire politique et culturelle de la France. Comment le français s'est-il imposé au cours des siècles au niveau national puis international, au point de devenir aujourd'hui une langue parlée dans une cinquantaine de pays ? Quels sont les enjeux de la défense du français ? En quoi le combat en faveur de la francophonie est-il lié à celui de la diversité linguistique ?

LABEL FRANCE *Votre livre montre de façon frappante le lien entre la construction politique de la France et la bataille en faveur du français. Le rôle joué par le pouvoir politique en France pour imposer le français comme langue nationale a-t-il des équivalents dans d'autres pays ?*

CLAUDE HAGÈGE Le fait que l'autorité politique, la monarchie puis la république pour la France, impose une langue ou la soutienne comme une sorte de symbole de son pouvoir est quelque chose de quasiment universel. Cependant, dans le cas de la France, cette politisation a été très précoce, à l'image de la constitution de son unité politique et territoriale, qui dans le cas de l'Allemagne et de l'Italie, par exemple, ne datent que du siècle dernier.

Propos recueillis par Anne Rapin, « Une certaine manière de concevoir et de dire le monde », *Label France,* n° 26, décembre 1996.

L'événement fondateur du français comme langue écrite, ce sont les Serments de Strasbourg de 842, par lesquels les petits-fils de Charlemagne, Charles le Chauve pour la future France et Louis le Germanique pour la future Allemagne, concluent une alliance contre leur frère Lothaire, qui se trouve à la tête de ce qui deviendra l'Italie. L'histoire des serments est relatée en latin, excepté la partie dans laquelle les deux rois se jurent fidélité dans la langue «vulgaire» du royaume de l'autre. L'emploi de la langue parlée marque la fin de l'unité de l'empire de Charlemagne et constitue l'acte de naissance de la langue française.

Deuxième étape politique importante, le règne de François Ier qui voit le développement de la centralisation monarchique et l'extension du domaine territorial du roi. Par l'ordonnance de Villers-Cotterêts de 1539, le roi décide que les différents actes juridiques du royaume se feront, comme il le dit sur un ton fort autoritaire, «en langage maternel français et non autrement», ce qui signifie bien sûr ni en latin ni dans les dialectes régionaux. Le français devient ainsi la langue officielle de l'État.

Il est remarquable de constater en France la continuité à travers les régimes de cet engagement politique en faveur du français comme langue nationale unique : de la monarchie jusqu'à la république en passant par la Révolution de 1789. La loi Toubon de 1994 s'inscrit ainsi dans cette tradition qui fait en France de la langue une affaire éminemment politique. La France est sans doute le pays du monde qui a le plus légiféré en faveur de la langue.

LF *Peut-on imaginer que le français se serait imposé si ce volontarisme politique avait fait défaut ?*

CH Si on ne refait pas l'histoire, le cas de l'Italie nous permet toutefois de l'imaginer. En effet, les hommes de lettres de la Renaissance, essentiellement Dante, Pétrarque et Boccace, en choisissant d'écrire dans leur langue, le toscan de Florence, ont réalisé l'unité linguistique, et culturelle, de l'Italie, en dépit d'une diversité dialectale très forte, des siècles avant son unité politique. Même chose au XVIe siècle, en Allemagne, avec le réformateur Luther qui choisit d'écrire dans sa langue maternelle, le franconien-haut saxon, l'ancêtre de l'allemand littéraire. Autrement dit, dans le cas de nos deux grands voisins, l'unité politique était encore dans les limbes, alors que s'était déjà réalisée une véritable unité linguistique.

LF *En France, les hommes de lettres, s'ils n'ont pas donné l'impulsion, ont toutefois relayé le choix du pouvoir politique en faveur du français.*

CH En effet. L'entreprise de «défense et illustration de la langue française» de la Pléiade (1549), portée par les poètes Ronsard et Du Bellay, l'œuvre de rationalisation du français par Malherbe et la création de l'Académie française en 1634 par Richelieu ont donné au français ses lettres de noblesse et assuré son extraordinaire rayonnement au XVIIe et au XVIIIe siècle. Langue des idées et des élites au Siècle des Lumières, le français deviendra aussi la langue universelle de la Déclaration des droits de l'Homme et du citoyen avec la Révolution. Ses qualités de clarté et de rigueur reconnues de tous lui permettront de supplanter, à partir du XVIIe siècle, le latin dans la vie diplomatique et les traités, dont elle sera la langue exclusive jusqu'au traité de Versailles (1919).

La fin de la Seconde guerre mondiale verra le déferlement de mots anglo-américains, parallèlement au débarquement allié de 1944. La diffusion de l'anglo-américain correspond à l'affirmation des États-Unis comme première puissance économique, militaire et politique du monde et à l'exportation de son modèle de société de consommation.

LF *Vous dites que « l'emprunt fait partie de la vie normale d'une langue ». Quelles sont néanmoins les limites à cette ouverture sur l'étranger au-delà desquelles la langue risque de perdre son identité ?*

CH Des langues étrangères ont intégré des mots d'origine française, à commencer par l'anglais lui-même à l'époque où les Normands conquirent l'Angleterre (XIe siècle). Le nombre de mots que les Franco-Normands apportèrent en Angleterre, en 1066, est considérablement supérieur à celui que la France emprunte aujourd'hui à l'anglo-américain. Donc, à l'échelle de plusieurs siècles, le rapport des échanges est à notre avantage !

LF *Quelle est la nature de l'influence de l'anglo-américain aujourd'hui sur le français ?*

CH Du point de vue du degré d'emprunts qu'une langue fait à une autre, le français n'est nullement menacé. Sur un lexique de 60 000 mots, le nombre des mots anglo-américains se situe aujourd'hui autour de 1 500, ce qui représente 2,5 % du vocabulaire. Si les mots anglo-américains nous paraissent plus nombreux, c'est tout simplement parce qu'ils sont d'un usage très courant.

LF *Et qu'ils correspondent à des réalités modernes souvent importées. Mais le français est-il en mesure de proposer des mots nouveaux pour renommer ces réalités ?*

CH Bien sûr. Il l'a fait dans quelques cas et dans d'autres, il a fait mieux puisque les réalités étaient des inventions françaises. Dans le domaine de l'informatique, par exemple, si le mot ordinateur, proposé par le latiniste Jacques Perret, s'est rapidement imposé au lieu de computer, si celui de logiciel l'a emporté sur *software* et matériel au lieu de *hardware*, c'est parce que les réalités qu'ils désignent étaient largement françaises. Autres cas intéressants, ceux d'objets culturels bel et bien d'origine américaine pour lesquels on a cependant trouvé un équivalent français heureux. Exemples : perchiste pour *perchman*, cadreur pour *cameraman*, ou simulateur cardiaque pour *pacemaker*.

LF *Qui est à l'origine de ces créations originales ?*

CH Tantôt, elles émanent des commissions de terminologie créées par les ministères, tantôt ce sont des créations d'ordre individuel — écrivains, journalistes, professionnels... — qui sont validées par les autorités publiques. Le français ne manque nullement des capacités d'assimilation et d'innovation nécessaires pour s'adapter au monde moderne.

LF *Vous distinguez les emprunts plutôt inoffensifs de vocabulaire et une influence peut-être plus pernicieuse sur la façon de penser, par le biais de la syntaxe. Qu'en est-il de cette menace ?*

CH Le noyau dur de la langue que représentent la syntaxe et la phonétique ne sont guère atteints. En ce qui concerne la syntaxe, les tournures d'origine anglo-américaines sont rares en dehors des cas où l'adjectif est placé avant le nom comme dans les expressions « *modern'hôtel* » ou « *rapid'pressing* ». Mais je doute que cela ait une influence sur la façon de penser. Quant à la phonétique, elle est totalement hermétique. Il suffit pour s'en convaincre d'entendre, et c'est même une chose comique, comment les Français prononcent les mots anglais, empruntés d'une manière tellement française qu'ils sont souvent méconnaissables aux anglophones !

Toutefois, le danger venait du second mode d'influence, c'est-à-dire l'emploi préférentiel d'une langue « x » par rapport à une langue « y » comme mode d'expression privilégié dans un contexte donné. Et sur ce plan, je suis beaucoup plus radical.

LF *C'est sur ce point qu'est intervenue la loi Toubon, à laquelle vous avez contribué et qui définit les limites de l'usage des langues étrangères dans la vie quotidienne...*

CH On s'est imaginé que cette loi (au centre du chapitre X de mon livre) interdisait d'employer des mots anglais, ce qui est faux. Elle ne remet pas en cause les mots d'origine étrangère introduits dans la langue française. Il s'agissait d'affirmer qu'on devait privilégier l'utilisation de termes français quand ils existaient et en trouver quand ils n'existaient pas pour toute communication à vocation publique ou sociale, dans les domaines de l'enseignement, des services publics, du travail (contrats, recrutements...), de la publicité (les marques...) et des échanges. Afin que tout citoyen français ait la possibilité d'être informé dans sa langue.

LF *Il est un domaine où l'anglais domine particulièrement, celui de la recherche scientifique. Comment y favoriser la diversité linguistique ?*

CH En effet, à l'heure actuelle, l'anglais tend à devenir la langue préférentiellement utilisée par les scientifiques dans leurs communications écrites et orales, notamment dans les congrès. Cependant, un nombre considérable de chercheurs de très haute qualité qui publient en anglais ne sont pas anglo-saxons. Ils sont de plus en plus nombreux à se juger désavantagés par cet état de fait, qui est tout simplement non démocratique. Ainsi, la diversification des langues employées dans les congrès est un vœu fréquent ; les scientifiques se rendant compte, en outre, qu'une langue unique entraîne un appauvrissement général des échanges. De plus en plus de savants hispanophones, par exemple, exigent que l'on présente les communications à la fois en espagnol et en anglais. Dans certains pays francophones comme le Québec, ce bilinguisme est devenu une obligation légale.

LF *Quel bilan faites-vous de la loi Toubon ?*

CH Elle a été votée en 1994 et il semble un peu tôt pour en juger. Toutefois, on peut dire que, contrairement à la loi Bas-Lauriol de 1975, dont elle est la reprise sous une forme plus ferme, la loi Toubon a déjà donné lieu à un nombre assez considérable de procès-verbaux, puisqu'elle est accompagnée d'un appareil de sanctions financières. Preuve qu'elle commence à entrer dans les mœurs.

LF *Le combat pour la défense de la langue française est parfois perçu comme un combat d'arrière-garde, soupçonné de nostalgie et d'une volonté de domination. Vous estimez, au contraire, qu'il est inséparable de la bataille en faveur du multilinguisme. Pourquoi ?*

CH La meilleure preuve de ce qu'il ne s'agit pas d'une entreprise hégémonique ou néo-coloniale, vient de ce que la francophonie—cette association originale d'États ayant le français en partage, qui regroupe près de cinquante pays aujourd'hui—est une création d'origine étrangère ! Ce sont d'éminents chefs d'État étrangers, l'écrivain et président sénégalais Léopold Sédar Senghor, le président tunisien Habib Bourguiba, le prince Sihanouk du Cambodge, Hamani Diori du Niger, le président chrétien Charles Hélou du Liban, qui ont donné naissance à la francophonie dans les années 60. Ils y ont vu un moyen de défendre leur différence et une chance pour développer leurs relations communes.

La plupart d'entre eux avaient pourtant combattu la France coloniale, avec les armes mêmes que leur avaient données les écoles de la France, c'est-à-dire sa langue et sa culture. Mais une fois que la France, qui n'avait plus les moyens d'avoir un empire colonial, a négocié l'indépendance de ces pays, leurs élites sont restées non seulement des passionnées de la France et de sa culture, mais sont également devenues demandeuses de langue française. Les Français ont progressivement compris qu'ils en étaient les dépositaires et non les propriétaires. Aujourd'hui encore, ce sont les pays francophones, qui sont les fers de lance de ce mouvement en faveur du français.

Quant au fait que le combat pour le français sert la cause du multilinguisme, je dirai que, si la preuve est faite, à travers le succès de l'entreprise francophone, qu'une langue est en mesure de présenter un autre choix que l'anglo-américain, alors du même coup elle aura témoigné pour les autres langues. Celles-ci ne peuvent être que bénéficiaires des revendications du français en faveur du multilinguisme.

LF *Le français semble également bien placé pour mener ce combat parce qu'il bénéficie d'une tradition spécifique de langue internationale, qui constitue une sorte de chance historique...*

CH Si aujourd'hui la France peut être convaincante en mettant au service du monde entier sa langue comme une langue de fédération, c'est en effet parce qu'elle est un des rares pays, avec l'Espagne et le Portugal, dont la langue a connu des périodes de rayonnement international.

LF *Vous défendez dans le domaine de la construction européenne la promotion du multilinguisme, auquel 78 % des Français sont favorables. Dans votre livre* l'Enfant aux deux langues, *vous prônez l'enseignement précoce d'une seconde langue européenne aux enfants. Quelles seraient les avantages d'une telle démarche ?*

CH Tout d'abord, l'apprentissage des langues est une excellente école de relativité et d'ouverture aux autres. Il permet également de mieux comprendre sa propre langue. L'enseignement, dès l'école maternelle ou l'école primaire, d'une langue européenne—dont ne devrait pas faire partie l'anglais, étant donné que son statut officieux de langue universelle dissuade d'apprendre d'autres langues—vise à promouvoir la connaissance de trois langues et à éviter le face-à-face appauvrissant entre l'anglais et les langues nationales. Cette idée à long terme n'est concevable qu'à une échelle européenne et elle requiert, bien sûr, une concertation des ministères de l'Éducation nationale pour pouvoir procéder à des échanges massifs de maîtres. Mais elle prendra du temps car elle pose des problèmes pratiques.

LF *Réunion du Conseil de sécurité des Nations unies à New York. Sa tradition de rayonnement universel vaut au français un statut privilégié dans les institutions internationales.*

CH À dire vrai, comme la plupart des intellectuels, je déplore qu'on n'ait pas commencé par le commencement, c'est-à-dire par la culture pour construire l'Europe, qui a une évidente cohérence historique. À cet égard, la position adoptée par l'Europe, et promue par la France, en faveur de l'exception culturelle lors des dernières négociations du GATT, est significative de l'importance particulière que les Européens accordent à la culture, qu'ils ne veulent pas voir traiter comme une banale marchandise.

LF *Le magazine* Label France *est lu par des francophones mais aussi par des francophiles du monde entier qui l'utilisent pour apprendre le français notamment dans le réseau des alliances françaises. Quels arguments mettriez-vous en avant pour inciter les indécis à apprendre le français aujourd'hui ?*

CH Je n'évoquerai même pas les arguments classiques, et considérés souvent comme élitistes (accès à une grande littérature et à une abondante production artistique), qui restent des motivations fortes, mais tout simplement la possibilité pour un francophone de se rendre dans une cinquantaine de pays du monde, proposant une extraordinaire richesse culturelle, économique et politique, ainsi que la possibilité de venir en France participer à la vie de la quatrième puissance commerciale du monde.

LF *Vous croyez donc que le français a encore un bel avenir devant lui?*

CH Si je ne le croyais pas, je n'aurais pas écrit autant de livres sur le sujet!

EXERCICE

A Answer the following questions.

1 Does Claude Hagège think that the French language is being threatened by an invasion of English terms? _____

2 Have French words been created as equivalents for English words that are used to describe new technologies?

_____

3 What is the percentage of American words in the French language?

_____

4 According to Hagège, could this invasion of foreign vocabulary have an impact on the French way of thinking?

_____

_____

5 According to Hagège, what are the benefits of learning French in today's world?

_____

_____

La théorie des nuages

Novelist, essayist, film historian, and winner of the Académie française's Prix Maurice Genevoix, Stéphane Audeguy is one of the most famous French writers today. *La théorie des nuages* (The Theory of Clouds) is a remarkable novel that masterfully integrates layers of history, myth, and fiction into a narrative written in a poetic and refined prose style. Stéphane Audeguy explores love, intellectual passions, and the nature of clouds. Virginie, an aimless librarian, is hired by Hiroshima survivor and Paris couturier Akira Kumo, whose looks do not betray his age, to categorize his obsessive library of clouds and other meteorological phenomena.

Quand Virginie Latour commence à travailler pour Akira Kumo, elle n'a bien évidemment, de toute sa vie, jamais pensé aux nuages. D'une façon plus générale, comme tout le monde, elle n'a presque jamais pensé ; ou alors juste un peu, en classe de terminale, le vendredi matin, dans le but exclusif de rédiger des dissertations de philosophie. Mais, contrairement à beaucoup de ses camarades, Virginie Latour a aimé penser, même au lycée ; elle a aimé cet exercice patient, laborieux, désertique et peuplé. Après les études tout s'est passé très vite, il y a eu les transports en commun, les courses et le ménage, le travail salarié. Ça a été fini parce que la pensée est un travail, parce qu'il faut des conditions spéciales pour penser : un peu de silence, un peu de temps, un peu de régularité, un peu de talent aussi. Il faut s'entraîner et certainement on pourrait, en théorie du moins, penser n'importe où, penser en faisant ses courses, par exemple, penser en poussant son chariot vers les caisses. Mais il y a la musique, mais il y a les lumières trop blanches, mais il y a les variations de température entre le secteur des vêtements et celui des armoires frigorifiques, qui donnent des maux de tête. Et pourtant Virginie s'était juré de faire attention : elle avait tellement craint, quand elle avait commencé à travailler pour de bon, de ne plus penser du tout, qu'elle avait décidé de réserver chaque semaine une demi-heure, assise dans une pièce bien chauffée, sur son canapé, rien qu'à penser. Et naturellement, à chaque fois, il s'était passé ce qui devait se passer : elle s'était assoupie.

S'agissant du travail, Virginie Latour fait partie de l'immense et infortunée majorité des personnes qu'aucune vocation n'a jamais visitée. La seule chose qui puisse se comparer chez elle à une passion est son goût pour la langue anglaise. Mais c'est tout. C'est par défaut qu'elle a échoué dans ce métier de bibliothécaire.

Stéphane Audeguy, *La théorie des nuages* @ Éditions Gallimard (2005).

Quand elle sort de l'hôtel particulier de la rue Lamarck, après sa première entrevue avec son nouveau patron, machinalement Virginie lève
les yeux, et elle regarde les nuages. Elle éprouve alors un sentiment
qu'elle connaît bien, qui lui plaît et l'irrite à la fois : quand on lui parle
de quelque chose, quand elle regarde un documentaire à la télévision
sur un écrivain, quand elle lit un article sur un peintre, tout lui paraît
intéressant. Alors elle se promet d'aller au Louvre ou à Orsay, de visiter
des églises ou des châteaux. Et puis quand elle y est, quand elle est seule
avec ce qui lui plaisait tant à travers les autres, elle reste là, dans une
sorte de torpeur fade, à ne pas savoir, à ne rien sentir. Virginie regarde
ces nuages dont Akira Kumo vient de lui parler pendant deux heures.
Elle essaie sans grand succès de se souvenir des noms, de reconnaître des
formes. Elle ne voit guère l'intérêt de ces masses floconneuses, aberran-
tes, mais elle s'efforce. Elle se dit que ça viendra peut-être. Elle sent dans
sa poche l'enveloppe qu'on lui a remise ; l'enveloppe contient de l'argent ; cet argent lui est destiné. Elle le dissimule au fond de son sac ; elle
n'ose pas retourner sur ses pas ; elle soulèvera cette question le lundi
suivant, puisqu'elle est convoquée pour le lundi suivant, mais cette fois-
ci à deux heures de l'après-midi, ce qui signifie qu'elle n'est pas censée
se rendre à la bibliothèque qui l'emploie ordinairement. Ce léger changement ne lui déplaît pas.

EXERCICES

B Write complete sentences to answer the following questions.

1   What was Virginie's only passion before working for Akira Kumo?

_____

2   What is in her pocket?

_____

3   Before working for Akira Kumo, did Virginie ever think about clouds?

_____

4   What is the first thing she does when she leaves the apartment?

_____

5   Does she seem really interested in clouds?

_____

THE SUBJUNCTIVE AFTER SUPERLATIVES

🔎 In this excerpt from *La théorie des nuages,* Stéphane Audeguy writes, *"C'est la seule chose qui puisse se comparer chez elle à une passion".*

The subjunctive is used after a superlative or an adjective conveying the notion of uniqueness, such as in *premier* ("first"), *dernier* ("last"), *seul* ("only"), or *unique* ("unique").

C'est le meilleur réseau que je connaisse.	It is the best network I **know.**
C'est le logiciel le plus performant qui soit sur le marché.	It is the best-performing software (that **is**) on the market.

C Rewrite each sentence, using the correct form of the verb in parentheses.

1 *C'est la plus grosse somme d'argent que Virginie _____ de sa vie. (avoir)*

2 *Akira Kumo est l'homme le plus insolite que Virginie _____. (connaître)*

3 *Le Magazine littéraire est le seul magazine que Virginie _____ régulièrement. (lire)*

4 *Le domaine des nuages est le seul qui _____ fasciner Akira Kumo. (pouvoir)*

5 *L'unique chose qu'Akira Kumo _____ de Virginie c'est qu'elle est sérieuse dans son travail. (savoir)*

PENSER

🔎 The verb *penser* can be used in different ways.

Penser
Penser without a preposition takes on the meaning of "to plan," "to intend."

*Je **pense** voyager en Inde cet hiver.*	I **am expecting** to travel to India this winter.
*Nous **pensons** acheter une maison en Corse.*	We **are planning** to buy a house in Corsica.

Penser à
Penser à implies thinking about something or someone.

*Mathilde **pense à** ses vacances en Malaisie.*	Mathilde **is thinking about** her vacation in Malaysia.
*Antoine **pense à** ses amis qu'il a rencontrés en Italie.*	Antoine **is thinking about** his friends that he met in Italy.

Penser de
Penser de involves judgment.

*Que **pensez-vous du** nouveau film de Michel Audiard ?*	What **do you think about** the new film by Michel Audiard?
*Que **penses-tu du** nouveau prof de français ?*	What **do you think about** the new French teacher?

D Rewrite each sentence, using the correct preposition where indicated when necessary.

1 *Charlotte pense toujours _____ ses enfants qui vivent à Mayotte.*

2 *Amélie pense _____ changer de carrière.*

3 *Que penses-tu _____ la nouvelle réforme de l'Éducation ?*

4 *Tes parents ? Que pensent-ils _____ ta nouvelle copine ?*

5 *Je pense _____ toi nuit et jour.*

Pondichéry, à l'aurore

Aliette Armel is an esteemed literary critic at the *Magazine Littéraire* in France, as well as a novelist (*Le Disparu de Salonique, Le Pianiste de Trieste, Voyage de Bilqîs*). In her most recent novel, *Pondichéry, à l'aurore*, Armel takes us on a fascinating journey as she searches for a vanished Nobel Prize laureate. Sir Gerald Manding, recipient of the Nobel Prize in Literature, has disappeared in the port of Pondichéry. Claire, his companion, tries to understand what happened. She wanders around Pondichéry, a city in the south of India (officially known as Puduchery since 2006)—a former French trading post and a cultural and spiritual place where West meets East. Built on a grid plan, the city is known for its exquisite architecture. The official languages are French, English, Tamil, and Malayalam. A small community still speaks French, and many French educational and cultural institutions continue to operate under the aegis of the French government. A place to explore . . .

La ville indienne mérite trop souvent son surnom de « ville noire », déplorait-il, avec ces saletés et ces ordures qui encombrent les trottoirs de ce dédale. La circulation anarchique y rend tout déplacement périlleux. Ma femme ne sort jamais à pied, de peur de se faire renverser par une voiture ou une moto. Elle prend toujours un *rickshaw*. Vous ne connaissez pas les *rickshaws*? Vous n'êtes vraiment jamais venue en Inde ! Ce sont nos taxis. Des véhicules à trois roues, autrefois tirés par des bicyclettes, maintenant par des mobylettes : leur pétarade est un des bruits caractéristiques de nos rues et leur couleur jaune une des plus répandues ! Méfiez-vous des prix que les chauffeurs vont vous demander. Surtout vous qui êtes étrangère et ne parlez pas tamoul !

Il lui avait recommandé de ne pas circuler la nuit dans certaines zones, en bordure du quartier français. Longtemps zone franche, le Territoire de Pondichéry était le centre d'approvisionnement en alcool des habitants du Tamil Nadu voisin soumis à la prohibition. Pondichéry avait donc le triste privilège de la circulation de toutes sortes de boissons alcoolisées y compris frelatées, et d'un taux d'alcoolisme forçant la police à intervenir la nuit.

Tournant le dos à la statue de Dupleix, Claire remonte un large boulevard, sans intérêt, au bord duquel elle remarque effectivement sous un vaste auvent couvert de palmes, des cartons entassés, un comptoir bri-

---

Aliette Armel, *Pondichéry, à l'aurore,* Éditions Le Passage (2011). Avec l'aimable autorisation des Éditions Le Passage.

colé avec des matériaux divers sur lequel des bouteilles sont posées. Postés devant et derrière, des hommes assurent visiblement la garde d'un de ces lieux dont il faut se tenir à l'écart. Elle bifurque donc dans une petite rue dont la plaque de signalisation en tôle émaillée bleue affiche, en caractères tamouls et latins, le nom français : rue Dumas. Elle se trouve dans un décor de film kitsch : profusions de couleurs, hibiscus et bougainvillées somptueux dégringolant de murs souvent décatis. Au centre des cours aperçues à travers les portes entrouvertes, un palmier s'élève parfois au-dessus des balcons, des auvents en bois, des toits souvent couverts de palmes. Les maisons dépassent rarement deux étages. Après le vacarme de la circulation sur le boulevard, les klaxons et les bruits de moteurs se font plus rares et lointains. Une enseigne, de la même couleur que celle des panneaux de signalisation annonce l'Aakash Health Care Centre, clinique de traitement ayurvédique à l'aspect vétuste, qui jouxte un restaurant, Le Club, visiblement chic et français.

Elle s'est fixé un objectif : le marché, point névralgique de la vie commerçante dans la ville indienne. Elle circule à pied : elle remet à demain l'exercice de la négociation avec les chauffeurs de rickshaws. Elle tente de suivre la direction indiquée par le plan consulté avant de quitter la *guest house,* vers l'ouest, en passant d'une petite rue à l'autre. Leur succession à angles droits est trop rapide et sa progression est gênée par de nombreux obstacles.

Des arbres poussent au milieu des trottoirs défoncés et encombrés. Un antique vélo-taxi aux couleurs pimpantes et couvert d'une capote tendue sur des arceaux en bois barre ainsi le chemin. Son conducteur dort, affalé en travers du siège du passager. Devant une maison récemment repeinte, deux hommes, pieds nus, remettent en état une commode, installés au milieu de la rue. Ici, chacun s'approprie l'espace public. Elle passe ensuite devant les devantures de petites boutiques d'artisanat presque luxueuses. Pondichéry n'est pas une ville touristique au regret du Franco-Pondichérien. Il en a attribué la responsabilité aux dirigeants de l'ashram qui refusent ce qui pourrait rendre la ville attirante. À Pondichéry, rien à visiter, rien pour s'amuser ! Mais des Français y séjournent pendant l'hiver. Vu le coût de la vie en Inde, une petite retraite suffit, et les économies de chauffage faites en France financent en partie le voyage.

Elle arrive maintenant devant un mur dont la couleur jaune orangé, renforcée par le blanc de l'encadrement des fenêtres, ne laisse aucun doute : il s'agit d'un bâtiment français. L'inscription au-dessus de sa porte le confirme : « Lycée français. » Est-elle sur le bon chemin ? Elle n'a pas encore croisé le canal qui sépare la ville blanche de la ville indienne. Rien n'indique le boulevard Gandhi qu'elle a repéré sur le plan comme une artère centrale. Elle reste perplexe devant le panneau indiquant le nom de la rue : Victor Simonel.

—Vous êtes française ?

Le jeune homme qui s'adresse à elle est sans doute tamoul, mais sans moustache, avec un visage d'une grande finesse et des yeux très doux.

—Ça se voit donc tant que ça?

—Ici, il n'y a pas d'Américains.

—Mais des Anglais parfois...

—Vous cherchez quelque chose? Vous allez quelque part?

—Rue Gandhi.

—Gandhi? La statue de Gandhi est au milieu de Beach Road, sur le bord de mer, vous lui tournez le dos.

—Non, pas la statue de Gandhi, la rue Gandhi.

La perplexité se lit sur le visage du jeune homme. Y a-t-il quelque chose qui cloche dans sa prononciation? Elle essaie en anglais. . .

—Gandhi Road.

—Ah! MG Road? Oui, bien sûr, suivez-moi, mais où exactement dans MG Road?

Elle s'inquiète un peu, se souvenant des mises en garde de son voisin d'avion. À pied, elle risque moins, mais tout de même!

—En fait, je veux aller au marché.

—Comme ça, à pied?

—Oui, je préfère. J'aime beaucoup marcher dans les villes. Comme vous, apparemment.

—J'ai mon vélo, là, devant le lycée.

—Vous êtes enseignant?

—J'y ai fait mes études. Vous ne connaissez pas Pondichéry?

—Je viens d'arriver. Cette nuit.

Il avance déjà d'un bon pas et se retourne pour lui faire signe. Elle le suit, à travers une zone plus incertaine: des marchandises hors de tout usage s'entassent le long du mur et une ou plusieurs familles semblent vivre au milieu. Au bout de la rue, elle aperçoit une trouée: peut-être le canal.

—Vous laissez votre vélo?

—Aucune inquiétude à avoir.

—Le chemin, c'est bien celui de la rue Gandhi?

—Oui, ne vous inquiétez pas, MG Road, c'est par là.

—Non, Gandhi Road.

Il éclate de rire.

—MG Road, c'est Mahatma Gandhi Road! Avant d'y arriver, on traverse Mission Street qui s'est appelée rue de la Cathédrale. Les Français appellent rue de Bussy la voie qui sépare le quartier catholique du quartier musulman et les Indiens Lal Bahadur Shastri Street. Ici, les noms de rues bougent! Ils ont des histoires. Vous aimez les histoires?

EXERCICES

E Write complete sentences to answer the following questions.

1 Which famous French writer has a street that bears his name in Pondichéry?

_____

2 Is Claire exploring Pondichéry by taxi?

_____

3 What is the favorite season for the French to visit Pondichéry?

_____

4 What divides the Indian and the white towns?

_____

5 Which road is Claire looking for?

_____

VENIR DE

The immediate past is formed by using *venir* in the present or imparfait + *de* + infinitive.

*Mathieu **vient de partir**.* Mathieu **just left**.
*Isabelle **venait d'arriver** quand* Isabelle **had just arrived** when
  il s'est mis à pleuvoir.   it started to rain.

F Rewrite the following sentences in the immediate past, using the present tense of *venir.*

1 *Patrice et moi plantons des violettes et des tournesols dans notre jardin.*

_____

2 *Claire trouve MG Road.*

_____

3 *Quarante étudiants français arrivent à Pondichéry pour étudier l'architecture locale.*

_____

4 *Claire et le jeune homme traversent le pont qui mène au Lycée français.*

_____

5 *La ville de Pondichéry signe un nouveau contrat commercial avec la France.*

_____

FLOWERS AND TREES

 Several flowers and trees are mentioned in *Pondichéry, à l'aurore*. While trees tend to be masculine, flowers can be either masculine or feminine.

*En France, les champs sont souvent séparés par des **haies de peupliers**.*	In France, fields are often divided by **poplar hedges**.
*Ils ont planté du **chèvrefeuille** le long d'un mur du jardin.*	They planted **honeysuckle** along one wall of the garden.

Trees and bushes are, for the most part, masculine:

le bambou	bamboo
le bouleau	birch
le châtaignier	chestnut tree
le chêne	oak
le cocotier	coconut palm
le cyprès	cypress
l'hibiscus	hibiscus
le lilas	lilac tree
le pommier	apple tree
le sapin	fir tree
le saule	willow
le séquoia	sequoia

There are a few exceptions:

l'aubépine	hawthorn
la bougainvillée	bougainvillea
la bruyère	heather

Flowers can be either masculine or feminine:

la capucine	nasturtium
la jacinthe	hyacinth
la jonquille	daffodil
la pivoine	peony
la primevère	primrose
la rose	rose
la violette	violet
la marguerite	daisy
le bégonia	begonia
le bouton d'or	buttercup
le cactus	cactus
le camélia	camellia
le chrysanthème	chrysanthemum
le coquelicot	poppy
le nénuphar	water lily
le tournesol	sunflower

Aimé Césaire par sa fille

Aimé Césaire, born in Martinique in 1913, was a politician and a hero of the Civil Rights Movement around the world. He was also a superb writer and poet. On April 6, 2011, the French government dedicated a plaque in his memory in the Panthéon, the final resting place of great men and women, including Jean-Jacques Rousseau, Émile Zola, André Malraux, and Marie Curie. His most famous work is *"Cahier d'un retour au pays natal,"* a long poem that influenced generations of poets and writers. His daughter, Michèle Césaire, talks about her father's legacy.

« Malheureusement, son combat reste actuel »
Interview de Michèle Césaire

Propos recueillis par Lauren Malka, 2 avril 2011

Ce 6 avril, "le chantre de la négritude" entre au Panthéon. Une plaque en son nom sera scellée aux côtés des sépultures de Voltaire ou de Victor Hugo. Un hommage indispensable pour la fille du poète qui juge le combat d'Aimé Césaire plus que jamais actuel.

LAUREN MALKA *Lorsque vous êtes née, votre nom était déjà public. Comment s'est déroulée votre enfance ?*

MICHÈLE CÉSAIRE Nous étions une famille nombreuse, typiquement antillaise et nous vivions entre Fort-de-France et Paris; j'étais la plus jeune d'une tripotée de six enfants. Au moment de ma naissance, mon père avait déjà une carrière politique prenante : il était député et maire de Fort-de-France. Il travaillait sans arrêt. La journée à l'Assemblée nationale et la nuit dans notre salle à manger. Pour les vacances, nous partions seules avec ma mère. Lui n'a pas pris un jour de congé jusqu'à la fin de sa vie.

LM *À la table familiale, quels étaient les écrivains et hommes politiques que l'on pouvait croiser ?*

MC Les amis les plus proches de ma famille étaient les Leiris. C'est pour cela que je m'appelle Michèle d'ailleurs ! Nous passions les vacances dans leur maison. Il y avait aussi les écrivains Guy Cabort-Masson, Léopold Sédar Senghor, Léon-Gontran Damas. Le metteur en scène Jean-Marie Serreau lui était très cher aussi. Après sa mort, il n'a plus jamais écrit pour le théâtre. Et, bien sûr, André Breton, qui a révélé Césaire au public après avoir découvert le 'Cahier d'un retour au pays natal' dans une mercerie, au milieu de rubans qu'il était venu acheter pour sa fille.

LM *Comment Aimé Césaire vous a-t-il transmis son engagement politique et sa passion littéraire ?*

MC Nous avions une bibliothèque immense, qui nous était ouverte. À table, les conversations étaient vivantes et impliquaient les enfants. Les préoccupations sociales, politiques et culturelles de notre population étaient intrinsèquement liées à ma vie de famille. Nous avons tous emprunté la même voie culturelle que lui. Ina, ma sœur, est devenue ethnologue et dramaturge. Mon frère Jean-Paul Césaire dirige le Sermac, Service municipal d'action culturelle de Fort-de France, créé à l'initiative d'Aimé Césaire. Personnellement, j'ai réalisé que je voulais travailler dans le théâtre à 13 ans, lors d'un voyage au festival de Salzbourg avec mon père, en découvrant la création de sa pièce 'La Tragédie du Roi Christophe', mise en scène par Serreau justement, reprise à l'Odéon quelques temps plus tard. C'était formidable. J'ai compris qu'à travers une pièce comme celle-ci, on pouvait raconter l'histoire d'Haïti et transmettre la force du verbe.

LM *Considérez vous, tout comme votre père, le théâtre et la culture comme des « armes miraculeuses » pour combattre la souffrance des peuples ?*

MC Je n'écris pas de poésie comme lui, je suis moins lyrique. Mais mon combat se rapproche du sien car j'écris avant tout pour créer des rôles pour les Antillais et les Africains, qui sont, selon moi, peu représentés dans le théâtre contemporain. Je mène ce combat à travers la structure culturelle que je dirige, le centre dramatique situé dans la Mairie où Aimé Césaire travaillait, qui s'appelle désormais le Théâtre Aimé Césaire.

LM *Votre père a-t-il vu vos pièces ?*

MC Oui, il a vu 'La Nef' et 'Le Blues de Staggerlee'. Il a aimé. Mais nous sommes une famille pudique. Il m'a bien sûr donné quelques conseils qui m'ont un peu agacée d'ailleurs ! Il est difficile d'écrire lorsque l'on a un père comme le mien, il y a une distance à garder, une indépendance à prendre.

LM *C'est la première fois que vous adaptez les pièces de votre père. Pourquoi aujourd'hui ?*

MC Après sa disparition, il m'a semblé important de faire découvrir son œuvre théâtrale qui est très peu jouée. J'ignore pourquoi on fige Aimé Césaire dans la partie tragique de son œuvre. C'était aussi un auteur rempli d'humour, dont le message était universel. 'Une Saison chez Césaire' est une traversée de cette œuvre, que je veux faire perdurer : 'La Tragédie du Roi Christophe', 'Une saison au Congo'... C'est un théâtre politique, mais aussi accessible, vivant, musical.

LM *L'entrée d'Aimé Césaire au Panthéon, ce 6 avril, est-elle le signe d'une reconnaissance de plus en plus importante de ses combats en France ?*

MC Nous traversons une période de négationnisme, il est donc important d'ériger une plaque au nom d'Aimé Césaire aux côtés de Voltaire et de Hugo. Malheureusement, son combat reste actuel. Il ne s'agit pas de la « négritude » uniquement. Un nègre peut être blanc. La France est un pays métissé et c'est de cette façon que la culture avance. Il faut être vigilant, faire dialoguer les cultures par le biais de la création, car les oppressions de l'Histoire peuvent se reproduire à tout moment.

LM *Quels sont vos projets en cette année de l'Outre-mer en France ?*

MC D'abord présenter 'Une Saison chez Césaire', en espérant inciter les metteurs en scène à monter les pièces d'Aimé Césaire. Je viendrai assister à l'exposition 'Aimé Césaire, Lam et Picasso' dès le 16 mars au Grand Palais. Puis, poursuivre mon diptyque de pièces, autour de l'insularité étouffante et des rapports sociaux bouleversés par les catastrophes naturelles : après 'Cyclone', qui a été jouée au Studio de la Comédie française, je présenterai 'Tsunami'.

EXERCICES

G Write complete sentences to answer the following questions.

1 Why is Michele Césaire staging her father's plays?

2 How old was Michèle when she realized she wanted to work in the theater world?

3 Why does Michèle think the plaque at the Panthéon is appropriate?

4 What was Aimé Césaire's function when he was in Fort-de-France?

5 What exhibit is featured at the Grand Palais Museum in Paris?

EMPRUNTER

In the text, Michèle Césaire says « *Nous avons tous emprunté la même voie* » ("All of us took the same path"). The verb *emprunter* is a very common verb, yet with several different meanings, which may confuse the learner. For example, in French, when we're talking about borrowing money or an object, *emprunter* is followed by the preposition *à*, which in this context means "from."

*Mon frère **a emprunté** de l'argent à la banque.*	My brother **borrowed** money **from** the bank.

Aliette a emprunté ce chapeau de paille à sa filleule.	Aliette **borrowed** this straw hat **from** her goddaughter.
Le français a emprunté de nombreux mots aux autres langues.	The French language **borrowed** many words **from** other languages.
Ce film a emprunté son sujet à un fait divers.	This film is **based on** a news item.
Ils ont emprunté un chemin escarpé.	They **took** a steep path.
Empruntez le passage sous-terrain.	**Use** the underpass.

H Rewrite the following sentences with the verb *emprunter* in the passé composé.

1 *Bon nombre d'écrivains empruntent des idées à Aimé Césaire.*

_____

2 *Quels livres empruntes-tu à la bibliothèque?*

_____

3 *Aimé emprunte la rue Schoelcher pour se rendre à l'Assemblée nationale.*

_____

4 *Nous empruntons de nombreux documents pour les expositions dédiées à Césaire.*

_____

5 *Les metteurs en scène empruntent certaines pièces de théâtre de Césaire pour les adapter de différentes façons.*

_____

Haïti Kenbe La !

Haïti Kenbe La ! (Haïti, Stand Up Straight!) tells how thirty-five seconds devastated Haiti on January 12, 2010. Writer Rodney Saint-Éloi arrived in Port-au-Prince to take part in a literary festival, *Étonnants voyageurs,* thirty minutes before the earthquake. This original book examines the earthquake, comparing the natural disaster with the country's social problems, which he describes as the greater earthquake that has been shaking Haitian society for decades. An analysis of a country adrift, the work is also a paean to its past glory, and a lesson in dignity and hope.

Je traverse le couloir de la douane pendant que le passage est encore dégagé. Le détecteur a signalé quelque chose de louche dans mon bagage à main. Le douanier me demande d'ouvrir la valise. Tout est passé au crible : ordinateur, chaussures, sous-vêtements, eau de parfum, trousse de voyage.

Le douanier m'observe d'un air bizarre m'apostrophe, en fixant la carte d'enregistrement et le passeport :

—Destination Haïti.

—Oui.

—Pourquoi tous ces livres ?

—Des livres...

—Oui, mais pourquoi tous ces livres ?

—Ce sont des livres... monsieur, je bafouille.

—Ah ! —C'est mon métier : écrire et fabriquer des livres.

—Les autres ont du jambon, des spaghettis, des vêtements...

—Ils mangent, ce qui est bien. Mais ils lisent aussi en Haïti.

Le douanier, dans une pose d'étonnement, un doigt sur les lèvres, attrape un livre. Il regarde la première de couverture : le nom de l'auteur, l'homme nu dans un cadre rose. Il a un dictionnaire serré contre son cœur sur lequel est inscrit en lettres détachées : Frankétienne. Le douanier ouvre le livre avec curiosité et semble lire de brefs passages. Il sourit, détendu.

J'ajoute :

—Là-bas, il y a une grande soif de lecture, un grand besoin de livres.

Je m'apprête à poursuivre pour affirmer que le livre est essentiel à l'hygiène de l'Haïtien. C'est l'île où le livre est sacré même pour les gens

---

Rodney Saint-Éloi, *Haïti Kenbe La !,* Michel Lafon (2010). Avec l'aimable autorisation des éditions Michel Lafon.

qui ne savent pas lire. Mais je me rappelle qu'il devient suspect de trop s'exprimer dans un aéroport. C'est un délit qui prend n'importe quel nom. Je préfère garder le silence.

Je déclare prudemment au douanier : « Je vous offre le livre, monsieur, si vous le voulez bien. L'auteur, Frankétienne, c'est le drapeau du pays. » Il hésite et répond qu'il ne peut pas accepter de cadeau. Il me confie avoir étudié la linguistique mais me dit qu'il n'y a pas d'emploi pour les linguistes. Il est engagé ici depuis six mois, il compte néanmoins poursuivre ses études. Son rêve est d'enseigner le français au secondaire. Il me remet la carte d'embarquement et le passeport. Il m'aide à fermer la valise, me souhaitant bon voyage sous le chaud soleil d'Haïti. [...]

La terre a tremblé deux cent six ans après l'indépendance du pays.

La terre a tremblé.

Personne ne connaît cette phrase pourtant si simple et si énergique. La terre est un chant d'espérance. La terre est l'hymne des vivants, l'ancrage des corps à la racine, l'ombilic du monde. De quelle terre es-tu ? Chaque terre a ses traces d'agonie, ses tragédies et ses paradis. Chaque terre a aussi en elle la présence de l'enfance, têtue et alléchante. La terre est une amie qui protège. La terre est une amie qui console et nourrit. Dans la religion vaudou, on ne boit pas sans saluer la terre, sans faire son *chapo ba*, honneur, respect. À la naissance, notre cordon ombilical est planté dans le corps d'un arbre pour grandir notre souffle, et pour regarder droit dans les yeux le ciel et les étoiles. Au jour de notre mort, notre âme retourne en terre Guinée, au pays de nos origines où les chasseurs d'esclaves avaient ligoté nos corps pour les empiler dans les bateaux négriers.

Quand on boit, on jette par terre en signe de respect et de reconnaissance deux gouttes de sa tasse de café, deux gouttes de son verre de rhum ou de clairin blanc, pour rester connecté, pour dire merci aux dieux, aux *loas*, aux saints et aux invisibles. Pour célébrer la terre. Pour faire corps avec elle. Pour qu'elle embrasse à son tour notre présence. Pour retourner à la terre. Pour être le fruit et l'arbre. Pour être la fleur et la plante. Puisque tout naît de la terre, tout reviendra à la terre. C'est la terre qui nous aidera à gouverner la rosée, à être en lien avec nous-mêmes, à entrer dans la profondeur des matins. Dans la ville, la rue la plus célèbre s'appelle la rue de l'Enterrement. Au bout de cette rue, se dresse naturellement le cimetière. Au portail du cimetière, tout le monde connaît par cœur ce sermon qui sert de prière quotidienne : « Souviens-toi que tu es poussière et dans la poussière tu retourneras. »

La terre a tremblé en moins d'une minute. Les hommes ont tremblé avec. Et tout est devenu poussière. La terre n'en finit pas de tout réduire à l'humilité.

Jésus Marie Joseph, Grâce la miséricorde, la terre n'est plus ferme, quel pied de nez à la langue française ! Qui donc osera, après le *goudou-*

goudou, utiliser l'expression « terre ferme »... *Ayiti se tè glise,* tout ne cesse de glisser, la terre, les bêtes et les humains, les idées, les passions. [...]

Pour ne rien savoir, j'ai dû abolir la jonction entre la fissure et moi. J'ai flotté dans mes pensées. Arrêt sur les images de l'enfance : Grann Tida, ma grand-grand-mère (j'aime la répétition du mot grand, j'ai aussi une grand-mère, cela établit la différence mais également le sens de la grandeur, au lieu de dire arrière-grand-mère)... Au village de Chatry à Cavaillon, Grann Tida tirait les contes des mille et une nuits haïtiennes, le soir dans la cour près du jardin. Elle racontait à tous les enfants des histoires peuplant leur sommeil en créole, de paquebots qui laissent les îles pour donner la main à d'autres îles. J'ai dû revisiter la terre verte et fraîche afin que remontent en moi les odeurs d'une terre qui couche, paisible et prodigue, aux pieds de ses habitants. Enfant, j'avais des rêves de terre ferme. Je rêvais tous les soirs. De pluie. D'étoiles. De jardins ensoleillés. D'eucalyptus. De citronnelle. De mers trop bleues. D'arc-en-ciel. De pleine lune. De ciels qui cachent les secrets des nuages. Je jouais parfois au soldat marron et construisais des châteaux de cartes, de grands châteaux que je faisais culbuter d'un seul souffle ou d'un revers de main. J'ai imaginé Tida, après ses soirées de conte et ses leçons d'histoire. Sa grande vareuse *carabela*, ses cheveux blancs relevés en chignon. J'ai toujours aimé la dignité de cette voix qui fait son chemin dans la tête des enfants et qui répète la mise en garde suivante : « *Bouch granmoun santi men pawòl li pa santi* » ; si les vieux ont mauvaise haleine, leur parole pourtant est d'or. Tida rappelait tous les soirs cette autre vérité :

—L'histoire du pays est une succession de séismes. Séismes naturels. Séismes humains.

EXERCICES

FREQUENCY

The following adjectives describe how often something occurs.

quotidien	daily
hebdomadaire	weekly
bimensuel	semimonthly (twice a month)
mensuel	monthly
trimestriel	quarterly
semestriel	semiannual
annuel	annual

une prière quotidienne	a daily prayer
un magazine hebdomadaire	a weekly magazine
un rapport annuel	an annual report
une taxe trimestrielle	a quarterly tax

I Complete the following sentences with the appropriate expression that indicates frequency.

1 *L'éditeur se rend en Haïti deux fois par mois. C'est un voyage*

_____.

2 *Frankétienne présente une pièce quatre fois par an. Il s'agit d'une production*

_____.

3 *Grann Tida conte des histoires aux enfants tous les jours. C'est son activité*

_____ *favorite.*

4 *Davertige écrit un livre par an. C'est une parution* _____.

5 Le Nouvelliste *publie un numéro spécial deux fois par an. C'est un numéro*

_____.

J Write a complete sentence to answer the following questions about the selection.

1 Why is the customs officer surprised when he sees Mr. Saint-Éloi's suitcase?

_____

2 What is the name of the writer on the book the customs officer is looking at?

_____

3 Why is Mr. Saint-Éloi carrying so many books?

_____

4 Why can't the customs officer accept the book?

_____

5 What are the custom officer's plans for the future?

_____

6 Why do Haitians always throw a few drops of their drinks on the ground?

_____

7 What is the name of the village where the great-grandmother used to live?

_____

8 What story did the great-grandmother regularly tell at night?

_____

9 Give at least two examples of what Mr. Saint-Éloi dreamt about when he was young.

_____

10 What truth did the great-grandmother repeat every night?

_____

DISASTERS

Natural disasters

une avalanche	avalanche
une averse de grêle	hail storm
un blizzard	blizzard
une canicule	heat wave
un cyclone	cyclone
un désastre naturel	natural disaster
une éruption volcanique	volcanic eruption
une facule solaire	solar flare
une famine	famine
un glissement de terrain	landslide
un incendie de forêt	wildfire
une inondation	flood
un orage tropical	tropical storm
une sécheresse	drought
un séisme	earthquake
une tempête	storm, tempest
un typhon	typhoon
une tornade	tornado
un tremblement de terre	earthquake
un tsunami	tsunami

Man-made disasters

un accident d'avion	plane crash
un attentat	terrorist attack
un crime	crime
des déchets dangereux	hazardous waste
un déraillement de train	derailment
un effondrement	collapse
une explosion	explosion
une guerre	war
un incendie	fire
un incendie criminel	arson
une irradiation	radiation exposure
une marée noire	oil spill

K Write the French equivalents of the following sentences.

1 A wildfire destroyed a whole forest in the Var.

_____

2 Two young men died in an avalanche near Chamonix.

_____

3 It was arson!

_____

4 The heat wave lasted two months.

_____

5 An earthquake devastated Haiti on January 12, 2010.

_____

Dany Laferrière

Dany Laferrière is a renowned Haitian writer who lives in Montreal. A prolific writer, he received the Prix Medicis in 2009 for *L'énigme du retour*. He was in Haiti during the earthquake on January 12, 2010. At the Salon du Livre in Paris in March 2011—shortly after the earthquake and tsunami occurred off the northeast coast of Japan—Dany Laferrière and 44 other writers were asked to write on the spot about current events. His text was immensely appreciated by the audience. Drawing a parallel between Haiti and Japan, Laferrière, in a poetic text that he considers closer to a bonsai than to a haiku, brilliantly captures the universal human response to a natural disaster.

Que faisais-tu
quand la terre a tremblé
au Japon?
J'étais dans ma chambre
à ne rien faire.
Tout semblait enfin si calme autour de moi.

Soudain les éléments déchaînés
à l'autre bout du monde:
l'eau, le feu, la terre et l'air radioactif.
Ne manque que le vent pour emporter
ces îles ailleurs.

Les petits avions flottant.
Les camions poids-lourds qui tanguent.
On dirait des mégots
dans un cendrier rempli d'eau sale.

Un paysage noyé effraie
mais n'émeut pas.
Seule la mort d'un être humain
parvient vraiment à toucher le cœur d'un autre.

Cette jeune fille drapée de jaune
que des photographes insouciants ont changé
en mater dolorosa
est devenue l'arbre qui cache le paysage dévasté
et les corps gonflés d'eau.

Dany Laferrière (mars 2011).

J'entends murmurer mon vieux maître Bashô :
« Regarde, regarde,
   les vraies fleurs
   de ce monde de souffrance. »
Qui, parmi nous, peut
ressentir une si insoutenable douceur ?

Est-on obligé de pleurer
quand celui qui vit le drame
fait ce qu'il peut
pour ne pas perdre la face ?
Le Japon garde tout
au plus profond de lui-même.
Gare à l'implosion.

Ces images sautillantes captées
par les caméras de sécurité installées
dans les immeubles de la ville
sont gorgées d'émotion.

Tétanisé par ces images qui montrent
les gens se dépêchant de quitter le bureau.
Rien de ce genre pour Port-au-Prince.
Les caméras sont arrivées après.
On ignore de quoi on a eu l'air pendant.

Encore absorbé par la douleur
quand un flash l'aveugle.
C'est pourtant son moment de gloire.

Et cette menace constante :
« Le bilan de morts risque
de s'alourdir ».
Pourquoi ne compte-t-on jamais les vivants ?

Au kiosque de la gare
je vois le mot Japon
dans toutes les langues
sauf en japonais.

À la télé on ne quitte plus le présent.
Même les reportages qu'on a vus trente fois
sont présentés comme du direct.

La terre tremblait encore quand on a annoncé
au pauvre Japonais une possible catastrophe nucléaire.
Le voilà coincé entre ceux qui lui cachent la vérité
et les autres qui ne craignent pas de le désespérer.

J'ai vu, pour la plupart, ces journalistes
l'année dernière à Port-au-Prince.
Certains étaient aussi au Chili.
Est-ce un nouveau métier?

Kadhafi est assez intelligent
pour reconnaître ce qu'il doit au Japon
tout étant trop rusé pour offrir
cette fois son aide.
Il faut savoir faire le mort.

La Libye et le pétrole; le Japon et le nucléaire.
Le pétrole et le nucléaire alimentent
des débats passionnés dans les pays industrialisés.
On oublie au passage la Libye et le Japon.

Fierté haïtienne et calme japonais.
Mieux vaut la grâce de la fleur de cerisier
pour faire face aux pires catastrophes.

Au lieu de chercher à se rappeler
la date d'un séisme
ne serait-il pas plus sage de l'oublier
ou de la remplacer par le souvenir
d'un premier baiser?

C'était Haïti. C'est le Japon.
Je suis cet écrivain japonais
présent lors du séisme de Port-au-Prince.
Je ne bouge plus de ma chambre.

EXERCICE

DESCRIPTIONS OF STATE OF BEING AND POSITION

In French, verbs indicating state of being or position are followed by *à* + infinitive.

*J'étais dans ma chambre **à** ne rien faire.*	I was in my bedroom **doing nothing**.
*La jeune fille est debout **à chanter**.*	The young woman was **standing singing**.

L Rewrite the following sentences, using the phrases in parentheses to complete them.

1 *Les journalistes haïtiens étaient assis (écrire leurs articles).*

_____

2 *Akiko était allongée près du cerisier (lire un roman de Dany Laferrière).*

_____

3 *Le vieux sage était assis en tailleur (méditer)*

_____

4 *Le jardinier était accroupi (planter des fleurs).*

_____

5 *Le cameraman était adossé au mur (filmer les enfants chanter).*

_____

« Restituer la dignité des Haïtiens »
Interview de Dany Laferrière

Propos recueillis par Victor Pouchet

Alors que Port-au-Prince vient d'assister avec effroi au retour de Jean-Claude Duvalier dit « Bébé Doc », le romancier haïtien Dany Laferrière publie *Tout bouge autour de moi* (Mémoire d'encrier, 2010), un livre de combat pour chasser à jamais le mot « malédiction » de sa terre natale et montrer que le fil de la vie n'a pas été rompu quand la terre a tremblé voilà un an.

Pendant soixante secondes le 12 janvier 2010 à 16h53, la terre tremble à Haïti. L'écrivain Dany Laferrière est dans un hôtel de Port-au-Prince pour le festival « Étonnants voyageurs » qui s'apprête à commencer le lendemain. La ville s'écroule, entraînant avec elle la mort de 250 000 personnes, autant de blessés et des centaines de milliers de sans abris. Très vite, dans un réflexe de survie, mais aussi une forme d'habitude essentielle, Dany Laferrière prend des notes sur le carnet noir qui ne le quitte jamais. Ces notes, prolongées au fil des mois qui ont suivi, constituent ce livre, morcelé, éclaté, mais qui donne une image de cette catastrophe d'une justesse et d'une intimité que seul un grand romancier pouvait élaborer. Il nous dit avoir refuser d'écrire, de « surécrire », pour se contenter de noter, mais avec une finesse remarquable, des images des événements, des gens, de ce qui se déroule sous ses yeux. Laferrière analyse les réactions, il regarde la souffrance, les silences, les gens qui

_____

Avec l'aimable autorisation de Evene.fr, 12 janvier 2011.

chantent des prières la première nuit, la résistance de tout un peuple qui montre d'une énergie et une gaieté étonnantes. *Tout bouge autour de moi* est le carnet de regards d'un romancier qui dit s'astreindre à lire le présent au présent. Car justement, ce qui frappe dans ce livre c'est la description d'un temps—réel, mythologique—qui perd son sens. De retour à Montréal quelques jours après le séisme, Dany Laferrière décrit alors l'accablement face au matraquage médiatique, à la souffrance en boucle sur les écrans, aux clichés qui arrivent trop vite sur le pillage, le «pays maudit». Il se bat aussi dans son domaine—celui des mots et de leur sens—pour assurer au peuple haïtien la dignité, qui est la sienne. La réussite de son combat pour témoigner de la grâce de ce peuple, c'est précisément ce livre, qui évoque page après page la façon dont, dans ce malheur immense, à Haïti, «le fil de la vie n'a pas été rompu».

VICTOR POUCHET *Vous avez commencé à écrire très vite après le séisme. Comment, lors d'une telle catastrophe, l'écriture vient-elle?*

DANY LAFERRIÈRE L'écriture vient assez naturellement. Je ne pense pas qu'un événement si grand soit-il puisse changer l'être humain dans ses habitudes. En réalité, au moment d'une catastrophe d'une telle ampleur, on essaie plutôt de retrouver ses réflexes ordinaires. Il s'agit de capter le silence par des mots, le malheur, la résistance intime, voir les gens bouger dans un espace naturel, sous une lumière vraie. C'est aussi un réflexe de survie, car les individus sont des animaux d'habitudes. Et j'ai voulu d'une certaine façon faire une activité dont je connaissais la forme et les repères: en écrivant, je devenais concentré, je prenais un peu de consistance, je restais humain, dans une attention vigilante et paisible.

VP *Cette réaction paisible semble être aussi celle des gens autour de vous.*

DL En effet, j'ai remarqué que les gens n'étaient pas si agités que cela, mais qu'ils bougeaient avec un but, l'espérance d'aider quelqu'un, de sauver une vie ou de se préserver de la violence. Je crois que c'est un réflexe, ce sont des gens habitués à faire face à des situations surprenantes, violentes. Ils ont réagi avec une telle grâce parce qu'ils sont habitués à courir, à chercher la vie. Ils étaient dans une scène qu'ils connaissaient à peu près et qu'ils avaient répété toute leur vie. D'où cette sérénité, cette force, cette élégance face au malheur que le monde entier a pu observer.

VP *Est-ce pour cela que votre livre est écrit souvent avec une grande légèreté, voire même une certaine gaieté?*

DL Oui, c'est la vie. La vie n'a jamais quitté l'espace où j'étais, mon espace personnel et celui de mes compagnons. Le fil de la vie n'a jamais été rompu, le sens de l'humain jamais perdu. Une des sources de la vie, c'est la gaieté. Un jour et une nuit plus tard, il y avait une grande gaieté dans la ville, une sorte de fluidité, une impression un peu comparable à celle que vivent les enfants à l'approche des grandes vacances. Malgré les malheurs, il y avait une très grande insouciance dans la ville. Avant que les médias n'arrivent et que le grand spectacle commence — lorsque nous étions entre nous, si je puis dire — aucun de ceux qui étaient présents, qu'ils soient morts, blessés, ou vivants, aucun d'entre nous ne pouvait jouer un rôle face à l'autre. Il n'y avait pas de danse macabre, nous étions contents d'être vivants, et cela laissait la place à des voix étouffées, des murmures, des silences, une sorte de gaieté insouciante.

VP *À Haïti, vous avez décidé d'accepter d'être rapatrié pour revenir à Montréal. Comment vous avez vécu tout d'un coup cette distance prise par rapport au drame auquel vous assistiez de très près ?*

DL Du fond de mon lit à Montréal, j'étais un peu prostré, parce que toute cette énergie que j'avais à Port-au-Prince, s'était évaporée en arrivant à Montréal. Je regardais la télé, et la première impression était de se demander comment les gens à l'intérieur faisaient pour subir ce matraquage d'images. On hésite à fermer la télé, à refuser au moins d'entendre les cris des gens. On doit subir profondément ce qui se passe, on doit regarder les images, boire le poison jusqu'à la lie.

VP *À propos du séisme et de l'idée de «malédiction» auquel vous vous êtes très fortement opposé, vous parlez de «guerre sémantique». Quel regard avez-vous porté sur le traitement médiatique de cette catastrophe ?*

DL C'est Montaigne qui est le premier à parler de cela, en expliquant que les questions politiques sont souvent des questions de grammaire. Je suis écrivain, journaliste, voyageur, donc très attentif aux mots, qui voyagent, et je sentais tout de suite qu'il y avait des gens qui, bien ou mal intentionnés, n'avaient pas compris ce qui se passait et qui, pour essayer de comprendre, de trouver un angle, allaient employer des mots qui rendraient ces événements plus opaques. Je voulais tout d'abord rétablir une vérité : il n'y a pas eu de pillages. Il y a des gens qui sont fiers d'avoir fait entrer un mot dans le dictionnaire, moi je suis fier d'en avoir fait sortir le mot «malédiction», qui, avec d'autres explications rapides et simplistes, pouvait facilement se métastaser, sur la toile entre autres. Le but était de restituer la dignité des Haïtiens, dire que c'est un peuple qui mérite de l'admiration plutôt que ce genre de clichés.

VP *Vous décrivez la façon dont quelques secondes de tremblement marquent les corps et les esprits. De quelle manière le séisme est-il encore présent pour vous, et pour les Haïtiens ?*

DL Pour moi, je ne fais qu'en parler et écrire depuis un an. Je me dépense sans compter, et j'en ressens le coût physique. Pour les Haïtiens, c'est évidemment pire, ils ont sous leurs yeux des preuves constantes que ce ne fut pas un cauchemar mais une réalité. Ils ont l'angoisse de vivre sur le sol même qui s'est dérobé sous leurs pas, chose que je n'ai pas. Mais le séisme a cette capacité de vous attaquer deux fois, de vous frapper au moment de son arrivée, et de s'infiltrer en vous et d'y rester, comme quelque chose qui se terre en vous avec sa vie propre. Vous avez la sensation, parfois par surprise et de manière brutale de sentir le monde bouger autour de vous et la terre se dérober, ne serait-ce qu'une seconde.

VP *Haïti est un pays de poésie, de théâtre, de peinture. Le séisme a-t-il pris une place dans cette culture?*

DL Ça s'est fait. Il y a beaucoup de livres qui sont sortis ou vont sortir, des toiles, de la musique déjà. Haïti, c'est un énorme laboratoire de transformation qui est en train de digérer cela. Ils sont habitués d'ailleurs, car tout l'art haïtien est un art de transformation: avec des tôles, des débris, des sachets, des pneus, on fait des œuvres d'art. Cela montre le chemin pour faire de l'art à partir d'un malheur.

VP *Qu'est-ce qui vous inquiète particulièrement dans les conséquences souterraines de ce séisme?*

DL Je ne lis pas dans le marc de café. Je suis un observateur de la vie quotidienne. Je dois m'y astreindre parce que sinon je vais perdre ce peu de talent qui me permet de lire au présent le présent. Quand il fait beau, j'écris «il fait beau». C'est d'une platitude et d'une paresse totale. Mais quand tant de gens prédisent ce qui va arriver, je ne prends pas le risque de me tromper. Écrire «il fait beau» quand il y a du soleil, cela me permet aussi de me souvenir qu'il a fait beau. Après le séisme, durant la nuit du 12 au 13 janvier, il faisait très beau et chaud, et la nuit était étoilée.

EXERCICES

M Write complete sentences to answer the following questions.

1 What is the first thing Dany Laferrière did right after the earthquake?

2 In what city does Dany Laferrière live?

3 How many people died during the earthquake?

4 How does Dany Laferrière describe art in Haïti?

5 How does Dany Laferrière describe the night between January 12 and 13?

IN A NATURAL DISASTER

 In Dany Laferrière's interview, some important verbs indicating a natural disaster are used. These verbs are listed below, along with others that may come in handy.

abattre	to knock down, kill
anéantir	to annihilate; to wipe out
arracher	to pull out, uproot
bouger	to move
briser	to break, smash
craqueler	to crackle, crack
crevasser	to crack
déraciner	to uproot, eradicate
déstabiliser	to destabilize
détruire	to destroy
dévaster	to devastate
ébranler	to shake, rock, upset
éclater	to burst, explode
écraser	to crush
engloutir	to engulf
éventrer	to tear open, rip open
extirper	to extirpate, pull out
fendre	to split, cleave, crack
fissurer	to crack, split
fracasser	to smash, shatter
frapper	to hit, strike
frémir	to shake, quiver
lacérer	to slash, lacerate
lézarder	to crack
morceler	to break up, divide
raser	to raze
ravager	to ravage, devastate
rompre	to break; to break up; to put an end to
s'affaisser	to sag, sink, collapse
s'écrouler	to collapse, crumble
s'effondrer	to collapse, cave in
saper	to undermine, sap
secouer	to shake, shake up
trembler	to tremble, shake, shiver
trépider	to vibrate, throb
vibrer	to vibrate, quiver

N Write the French equivalents of the following sentences.

1 They uprooted many trees.

_____

2 Everything was moving around me.

_____

3 They broke up after three years.

_____

4 Thousands of houses collapsed.

_____

5 All the cars were crushed.

_____

Boulevard des Mots-dits

Les mots pour le dire, les mots pour ne rien dire, les mots derrière les mots, les mots pour les mots. Tous les mots de la terre... (Boulevard des Mots-dits is a blog hosted by Mediapart.fr.)

Mots (entre)croisés

par Kairos, 19 janvier 2010

Le principe? Il est simple. Lister les mots que vous aimez le plus et ceux que vous n'aimez vraiment pas. Mais pas les mots pour leur sens, pas pour ce qu'ils évoquent, auquel cas on trouverait les inévitables «amitié», «amour», «solidarité», «paix», répétés à l'envi. De la même manière, nous avons délibérément décidé de ne pas faire figurer dans la catégorie «mots honnis» les mots franglais très en vogue dans l'entreprise, le management ou l'économie car ils sont d'emblée tellement repoussants qu'ils se classent hors-jeu d'eux-mêmes. Non, les mots pour eux-mêmes, les mots pour les mots. [...] Les mots. Ceux qu'on aime. Pour leur consonance. Pour la gourmandise qu'on a à les rouler dans la bouche. À les prononcer. À les voir écrits. À succomber à leur musique ou leur graphie...

Ensuite, tout s'est passé par messages privés. Eh oui, la messagerie ne sert pas qu'à se tenir au courant des bugs ou à médire sur les autres abonnés: elle sert parfois aussi à partager des idées, à avoir envie de faire un quatre mains pour créer une édition ou «pondre» un billet.

D'où la naissance de cette édition, «Boulevard des Mots-dits» et de ce premier billet dans lequel nous, Grain de Sel et Kairos, avons eu envie de croiser et entrecroiser nos mots de cœur et ceux qui nous procurent un haut-le-cœur... À vous d'y ajouter les vôtres, vos mots aimés, vos mots détestés, ceux qui vous font fondre ou vous donnent de l'allergie.

À vous de jouer! À vos carnets, à vos listes et vos crayons.... Et bonnes insomnies!

Grain de Sel et Kairos

Repeat aloud all the words below just for the fun of it. You'll recognize cognates. Don't worry about the others. You may use a digital dictionary that gives you the pronunciation. It's just a sound game.

Avez l'aimable autorisation de Mediapart.fr.

Grain de Sel : Cent mots qui me plaisent

Abécédaire, Accolade, Adieux, Aïeule, Améthyste, Ambre, Amie, Anacoluthe, Anicroche, Antilope, Arbalète, Archipel, Bandoulière, Baroque, Belladone, Bitume, Broc, Cachou, Caillou, Cantate, Carnaval, Cascade, Cassonade, Chemin, Citadelle, Colère, Concerto, Console, Coquelicot, Crapaud, Crédence, Cyprès, Dame Jane, Diagonale, Étoupe, Érable, Flanelle, Fenouil, Fève, Forêt, Freux, Gazelle, Gazpacho, Goéland, Hellébore, Hibou, Hélas, Jachère, Jade, Jadis, Jasmin, Lamentin, Linotte, Lionne, Losange, Lucarne, Lumière, Lurette, Malice, Mémoire, Méridienne, Millefeuilles, Moustique, Musarder, Naguère, Nénuphar, Noiraude, Okapi, Ombrage, Opale, Organdi, Paillasson, Perce-neige, Persiennes, Platane, Piano, Pilou, Pivoine, Platane, Promesse, Quenouille, Retrouvailles, Réverbère, Ribambelle, Rocaille, Rococo, Rutabaga, Samba, Serpillière, Sororal, Tango, Vallée, Velours, Vivace, Violoncelle, Waterzooï, Zèbre, Zéro, Zinzolin

Grain de Sel : Cent mots qui me déplaisent

Abrasif, Acidité, Ahaner, Antécédent, Antipathie, Aphte, Aristocrate, Bâtardise, Béat, Beigeasse, Bidon, Billion, Blettes, Bonus, Bru, Cachenez, Calibre, Carnivore, Citerne, Complication, Confrérie, Congre, Crachat, Croûte, Détergent, Dodu, Drille, Drisse, Drone, Douillet, Échalas, Eczéma, Engelure, Examen, Faitout, Feulement, Fiduciaire, Fief, Fiel, Furoncle, Froncer, Gendre, Géranium, Glaïeul, Guigner, Gousset, Grassouillet, Housse, Hyène, Hypocondriaque, Incontournable, Incongruité, Ion, Iota, Irréfutable, Justicier, Lactose, Lacune, Larbin, Limace, Louche, Macula, Magma, Management, Mincir, Molaire, Moucher, Nanan, Naphte, Onagre, Oncle, Ongle, Opiner, Opportunité, Oter, Otite, Ozone, Pédagogie

Kairos : Cent mots qui me plaisent

Abeille, Appentis, Âme, Avoine, Bazar, Branquignol, Brin, Buée, Calepin, Chérubin, Cyclope, Déception, Dédicace, Douve, Dune, Éclair, Épatant, Épouse, Étoile, Fée, Ferrure, Flibuste, Fugitif, Gerboise, Gland, Globe, Gnose, Harpe, Hasardeux, Horripilant, Huppe, Idiot, Impie, Intime, Ivraie, Jambe, Jamais, Jonglerie, Joyau, Kangourou, Kiosque, Koulak, Kriss, Lande, Lesbienne, Loupiotte, Lucre, Mappemonde, Marquisat, Nautonier, Nervure, Nicodème, Nuit, Offertoire, Opiniâtre, Orgiaque, Ourdir, Panique, Poindre, Quadrupède, Quartier, Quiconque, Quinze, Ravissante, Relief, Royauté, Ruine, Sardane, Selon, Signe, Socle, Tornade, Touffe, Turlupin, Tzigane, Ultramontain, Unique, Uranium, Usine, Vadrouille, Vêpres ,Vermisseau, Villanelle, Wapiti, Welter, Western, Wisigoth, Yogourt, Yatagan, Yeuse, Ypérite, Zéphyr, Zigzag, Zodiaque, Zinzin.

Kairos : Cent mots qui ne me plaisent pas (ou moins)

Amérindien, Ablution, Ancre, Appât, Banane, Bibine, Bidet, Brun, Chicot, Collègue, Cotiser, Cygne, Docteur, Donzelle, Dortoir, Drain, Écriteau, Entremets, Épithète, Estrade, Finasserie, Flageolet, Fragrance, Frisquet, Gaz, Géométrie, Gourbi, Gravier, Halogène, Hexagone, Humus, Hypothèse, Illustre, Ilotier, Interview, Isoloir, Jacquette, Jeunot, Julienne, Jument, Képi, Kermesse, Kung-fu, Kyrielle, Laitue Loche, Luminaire, Lycée, Mamelon, Marais, Mixture, Mortier, Nankin, Noël, Numéral, Nylon, Obsolète, Olographe, Onde, Ouest, Pinçon, Problème, Pucelle, Purée, Quenotte, Quiche, Quille, Quote-part, Râble, Revolver, Roc, Rouflaquette, Semence, Soulier, Stance, Surgeon, Tonneau, Truite, Tubercule, Tympan, Underground, Urne, Usufruit, Utopie, Vaccin, Variante, Veston, Vocalise, Wagon, Walkyrie, Watt, Whisky, Yaourt, Yéménite, Yo-yo, Yucca, Zébu, Zélote, Zizanie, Zonarde.

A vous de jouer !

EXERCICES

O Using the lists above, write ten French words for each category.

1 Words that I like:

_____

_____

2 Words that I dislike:

_____

_____

P Using sources other than the lists above (you may have discovered them while reading this book), write ten French words for each category.

1 Words that I like:

_____

_____

2 Words that I dislike:

_____

_____

La tourmente
de la langue française

Franketienne (born Franck Étienne on April 12, 1936, in Haiti) is an author, poet, playwright, musician, and painter. He has written in both French and Haitian Creole. As a painter, he is known for his colorful abstract works, often favoring blue and red tones. He was nominated for the Nobel Prize in Literature in 2009. Miraculously saved when his house collapsed on January 12, 2010, he is once again producing plays and is writing more than ever.

As a child, speaking only Creole, he was sent to a Catholic school, where classes were taught in French, a language that was completely foreign to him. He was terrified by the teacher who kept asking him, « Comment t'appelles-tu, petit ? », because he was unable to answer. Undaunted, he turned this challenge into a personal triumph. In this text, he poetically describes his deep fascination with the French language, a fascination that led him, spellbound, to learn the Larousse dictionary by heart and eventually to become one of the best writers in the French-speaking world.

Don't worry if you do not understand every word. Relive the experience of the young Frank who was carried away by the sound of French before becoming a master. Stand in front of a mirror, record yourself, and create a dramatic experience by reciting this beautiful poem with its message of hope and encouragement. Everyone can become a master of French!

La tourmente de la langue française

Ma fenêtre embrasée. Mon esprit chaviré. Et mon cœur
paniqué. À l'évidence d'une langue qui n'était plus la
mienne. À l'audition d'une phrase que je n'avais pas comprise.
Au flûtage d'une musique de vertige et d'ivresse.
Comment t'appelles-tu, petit ? me demanda plusieurs
fois l'institutrice, la révérende sœur Félicienne, la
religieuse à la voix douce, la blondinette aux yeux bleus.
Tendresse manuelle dans ma mémoire. Elle me caressa le
visage et les cheveux. Réitéra son interrogation une
dernière fois : comment t'appelles-tu, petit ?

Sourire niais. Rictus de bêgouet. Je ne répondis mot. Je ne
comprenais absolument pas la question formulée dans une

Franketienne, "La tourmente de la langue française", *L'anthologie secrète*, Mémoire d'encrier (2005). Avec l'aimable autorisation de Mémoire d'encrier.

langue qui m'était totalement étrangère. Je vivais et grandissais dans un quartier où l'on ne parlait pas le français.

Dans une famille où l'on ne pouvait s'exprimer qu'en créole. Je n'avais aucune pratique de la langue française. Sœur Félicienne s'éloigna, l'air étonné. Choquée peut-être par mon mutisme. Intriguée d'avoir eu en face d'elle un enfant drôlement taciturne.

Exclusivement créolophone, je n'avais rien compris de la musique tulututu, modulée par la voix affectueuse de la belle religieuse. Un petit camarade de classe, lui-même bilingue, s'approcha vivement de moi pour me dicter, dans un éclat de rire moqueur, la traduction répétitive de la phrase magique.

Kouman ou rele? Makak, se non w yo mande w Kijan ou rele? Ou pa konprann franse? On t'a demandé ton nom, petit macaque!

En ce beau matin du premier lundi de ce mois d'octobre de l'année 1941, j'avais exactement cinq ans et demi. C'était mon premier jour de classe.

Accablée de complexes, victime des préjugés de l'époque, ma malheureuse mère avait cru bon de me placer dans une institution religieuse sophistiquée. Un établissement scolaire huppé, fréquenté par des enfants de riches. Surtout des bourgeois mulâtres, des aristocrates et des fils d'étrangers. [...]

Comment t'appelles-tu, petit?

Inoubliable phrase gravée à l'eau-forte dans ma mémoire d'enfant blessé. Je l'ai bien intériorisée cette phrase, à la fois légère et pesante, innocente et grave, qui devait être quelque part à l'origine de mes options littéraires. La langue française me fascina très tôt. J'apprenais rapidement. Fiévreusement. Passionnément. Je lisais tout ce qui me tombait sous les yeux. Peu à peu, je m'initiais aux secrètes et lumineuses beautés de cette langue terrible, maudite, envoûtante, fascinante et sacrée à l'époque dans les milieux urbains.

Je parcourais avec rage les ouvrages rangés dans les étagères de la petite bibliothèque de mon beau-père. Le livre qui m'interpella le plus a été le Dictionnaire Petit Larousse. D'abord, je l'ai feuilleté, courtisé, palpé, caressé. Avec crainte et timidité. Et puis, je fus moi-même victime de ma curiosité et de ma hardiesse. Ensorcelé par les mots. Happé par les mots. Conquis par les mots. Totalement

envoûté par les mots. J'ai appris le Dictionnaire Petit
Larousse par cœur. Tous les mots français avec leurs définitions
respectives.
Un volcan de mots. Une irrésistible éruption de mots. Un
ouragan de mots. Il y en avait de toutes les couleurs. De
toutes les saveurs. De toutes les nuances. De toutes les
odeurs. De toutes les formes. De toutes les sensations. Et de
toutes les subtilités.
Il y en avait des mots juteux ! Des mots veloutés. Des mots
mœlleux. Des mots acides. Des mots brûlants. Des mots
obscurs. Des mots éclatants. Des mots parfumés. Des mots
onctueux. Des mots méchants. Des mots généreux. Des
mots sensuels. Des mots graves. Des mots profonds. Des
mots légers. Des mots tristes. Des mots joyeux. Des mots
aveuglants. Des mots bruyants. Des mots silencieux. Des
mots capricieux. Des mots turbulents. Des mots audacieux.
Un tourbillon de mots. Une spirale des mots. Une explosion
de mots. Apogée. Mélancolie. Cramoisi. Chaussures. Se
nourrir. Paroxysme. Dromadaire. Breuvage. Garniture.
Ventricule. Florilèges. Amour. Tristesse. Patriotisme.
Intensément. Orgie. Attitude. Éloquence. Protubérance.
Tendresse. Architecture. Triangulaire. Insomnie. Recevoir.
Philodendron. Jamais. Volupté. Toujours. Transhumance.
Transcendance. Nébuleuse.

Comment t'appelles-tu, petit ?
Phrase insinuatrice, incitative, traumatisante, amère et
douce. Phrase mythique fondatrice de mon écriture spécifiquement
basée sur le traitement des mots considérés
comme matériaux fondamentaux de l'acte d'écrire. La
modernité fonctionnelle dans la dynamique de l'aventure
scripturale.

Comment t'appelles-tu, petit ?
Phrase douloureuse de la mise hors jeu. Phrase indicative
des exclusions sociales et de mon identité marginale.
Phrase expressive des discriminations séculaires et des terreurs
linguistiques. Phrase assommoir. Phrase de la mise
hors combat. Tout jeune, je me préparais à la revanche. Je
m'étais dit que j'avais un compte à régler avec la langue
française. Et avec moi-même, le petit macaque du Bel-Air.
Par esprit de vengeance, j'ai violemment bouleversé,
déconstruit, massacré et violé la rusée, la perverse, la perfide,
l'insidieuse, la piégeuse, la frivole, la déroutante, la
déconcertante, la sorcière, la sinueuse, l'irrationnelle, la

vicieuse, la belle aristocrate orgueilleuse. Je l'ai couchée toute nue dans mes livres insolites. Je l'ai défoufounée à mourir de plaisir. Je l'ai découcounée jusqu'à la moelle. Je l'ai aussi caressée, bercée, bichonnée, léchée, fignolée, dordognée jusqu'à l'extase. [...]

Chant à l'Indien

L'heure est venue de mettre fin à notre exploration de la langue française, à notre aventure francophone. Quoi de plus beau qu'un hymne à la langue française, qu'un hymne à l'amour ?

L'Amante de l'île était multiple, comme un chant d'étapes et de départs. La douleur vive des liesses humaines. Elle n'avait pas de Nord dans son regard. Et son corps chargé de sel et de Sud, de tous les Sud du Temps, recueillait les pénibles soleils de la vie.

L'Amante de l'île était de tous les Nords aussi.

Ces terres toujours suspendues aux bords des yeux.

Et la barque tangue sans espérance de port. Grâce heureuse de l'aube et des couchants, tendresse de mousse, tu portes les points cardinaux de l'homme jusqu'au bout de toi.

Où était l'Inde ?

Mirage d'épices et de soie sur les pentes escarpées des jours et des nuits. Où était l'Inde, Amante de l'Île, en dehors de toi ?

Et toutes les Indes de l'homme ne diront pas ton nom. Et l'Est et l'Ouest ne sont plus que l'éternel ici de l'ivresse. Donne, ô Amante de l'Île, donne ton nom aux enfants à venir pour apaiser les colères de l'arbre. Livre les collines ondoyantes de ton corps aux corps en quête de paix.

Et laisse la joie tragique des Andes s'égrener entre les couleurs de la mort et des fêtes de moissons.

Khireddine Mourad, *Chant à l'Indien*, Mémoire d'encrier (2004). Avec l'aimable autorisation de Mémoire d'encrier.

Continuing to read

The Internet

The Internet is an all-encompassing resource for reading material in French. Listed below are general sites, as well as suggestions of sites for further reading on topics covered in this book.

Web portals, government sites, and general resources

Web portals and search engines

www.francite.com
www.lycos.fr
www.orange.fr
www.fr.yahoo.com
www.bing.fr

French government

Ministère de la culture — www.culture.gouv.fr
Ministère de l'écologie — www.developpement-durable.gouv.fr
Ministère de l'agriculture — http://agriculture.gouv.fr
Ministère de l'enseignement supérieur — www.enseignementsup-recherche.gouv.fr
Ministère du travail — www.travail-emploi-sante.gouv.fr
Ministère des affaires étrangères et européennes (French culture) — www.diplomatie.gouv.fr/fr/entrees-themati ques_830/cooperation-culturelle-medi as_1031/index.html

Administration française — www.service-public.fr
Mairie de Paris — www.paris.fr
Mairie de Marseille — www.marseille.fr
Mairie de Lyon — www.lyon.fr
Mairie de Bordeaux — www.bordeaux.fr
Mairie de Lille — www.mairie-lille.fr
Mairie de Strasbourg — www.strasbourg.eu/accueil
Mairie de Rennes — www.rennes.fr
Mairie de Nantes — www.nantes.fr

Other governments

Belgium — www.belgium.be
Belgium (public service) — http://diplomatie.belgium.be
Canada — http://canada.gc.ca
Canada (foreign affairs) — www.international.gc.ca

Embrasse-moi (sites on love)

Saint Valentine's Day and chocolate — www.choco-club.com/saintvalentin.html
Romance fiction — www.lesromantiques.com
Musée de la vie romantique — www.paris.fr/loisirs/musees-expos/musee-d e-la-vie-romantique/p5851

Declarations of love	www.affection.org
For cat lovers	http://pages.infinit.net/feliweb

Écris-moi (writing sites)

Runes	http://runes.bourzeix.com/runes
Haïkus	http://clicnet.swarthmore.edu/litterature/mo derne/poesie/duhaime.html#anchor.haikuf
	http://pages.infinit.net/haiku
François Bon	www.tierslivre.net

Nourris-moi (food sites)

History of French gastronomy	http://gastronome.free.fr/histoire/accueilhis toire.htm
Bread	www.boulangerie.net/forums/portal.php
Food and cooking	www.legout.com
Cheese	www.fromages.com
	www.univers-fromages.com
Honey museum	www.musee-du-miel.com
Restaurant: Le Local	www.resto-lelocal.com
Festival international du livre mangeable	www.books2eat.com

Chante, chante (music sites)

Reviews, biographies, and lyrics	www.stars-celebrites.com/chanteurs.htm
French song lyrics	www.parolesmania.com

Promène-moi (museum sites)

Centre Pompidou	www.centrepompidou.fr
Cité des sciences et de l'industrie	www.cite-sciences.fr/fr/cite-des-sciences
Louvre	www.louvre.fr
Musée d'art contemporain de Lyon	www.mac-lyon.com/mac
Musée d'Orsay	www.musee-orsay.fr
Musée du Château de Versailles	www.chateauversailles.fr
Académie du spectacle équestre	www.bartabas.fr/Academie-du-specta cle-equestre
Institut du monde arabe	www.imarabe.org
Muséum national d'Histoire naturelle	www.mnhn.fr
Réunion des musées nationaux (30+)	www.rmn.fr
Musées du Nord-Pas de Calais	www.musenor.com
Musée Unterlinden (Colmar, Alsace)	www.musee-unterlinden.com
Océanopolis (Brest)	www.oceanopolis.com
Musée national de la Marine (Brest)	www.musee-marine.fr/site/fr/histoire_cha teau_brest
Musée vivant du cheval (Chantilly)	www.museevivantducheval.fr/fr
Musée des impressionnismes (Giverny)	www.museedesimpressionnismesgiverny.com
Musée Matisse (Nice)	www.musee-matisse-nice.org
Musée départemental Arles antique	www.arles-antique.cg13.fr/mdaa_cg13/root/ index.htm
Musée du quai Branly	www.quaibranly.fr

Emmène-moi au bout du monde (travel sites)

French railways	www.sncf.com
	www.voyages-sncf.com
TGV network	www.tgv.com
French waterways	www.vnf.fr
	http://projetbabel.org/fluvial/rica_a-accueil.htm
	www.linternaute.com/sortir/tourisme-fluvial/
	index.shtml
Air France	www.airfrance.fr
French regions	www.arf.asso.fr
National and regional parks	www.parcsnationaux.fr
	www.parcs-naturels-regionaux.tm.fr/fr/accueil
Ballooning	www.franceballoons.com
Alexandra David-Néel	www.alexandra-david-neel.org
Femmes au-delà des mers	www.femmesaudeladesmers.com

Fais-moi explorer (discovery sites)

Famous French scientists	www.evene.fr/tout/scientifique-francais
La Villette	www.villette.com
Louis Braille	www.snof.org/histoire/Lbraille.html
Adolphe Sax	http://lesitamag.saxo.free.fr/index.php?pa
	ge=his01
Médecins Sans Frontières	www.msf.fr
Traducteurs Sans Frontières	www.tsf-twb.org
Reporters Sans Frontières	http://fr.rsf.org
Lecture numérique	www.ActuaLitté.com
	www.actualitte.com/actualite/24133-e
	books-jeunesse-litterature-lecture-livres.htm

Explique-moi tous les symboles (French and European symbol sites)

European declaration	http://europa.eu/abc/symbols/9-may/
	index_fr.htm
European flag	http://europa.eu/abc/symbols/emblem/
	index_fr.htm
European anthem	http://europa.eu/abc/symbols/anthem/
	index_fr.htm
European motto	http://europa.eu/abc/symbols/motto/
	index_fr.htm
Euro	http://ec.europa.eu/euro/index_fr.html
Marianne	www.elysee.fr/president/la-presidence/
	les-symboles-de-la-republique-francaise/
	marianne/marianne.325.html
Académie française	www.academie-francaise.fr
Collège de France	www.college-de-france.fr/default/EN/all/
	college/index.htm
École nationale d'administration	www.ena.fr
(ENA)	
École nationale supérieure d'arts	www.ensam.fr
et métiers	

Fais-moi découvrir la littérature contemporaine (literature sites)

Fédération des maisons d'écrivains & des patrimoines littéraires	www.litterature-lieux.com
Maisons d'écrivains	www.evene.fr/lieux/actualite/maison-ecrivain-hu go-rimbaud-sand-balzac-dumas-1220.php
Route des écrivains	http://be.franceguide.com/cartes/france/re gions/routes-touristiques/route-des-ecrivains/ home.html?NodeID=1823%E2%80%8F
La théorie des nuages	www.canalacademie.com/ida717-Les-livres-pri mes-par-l-Academie,717.html
	www.villamedici.it/fr/resident/audeguy/?of=0& se=audeguy&d=2011
	www.youtube.com/watch?v=J7udD7BfNHc
Pondichéry, à l'aurore	www.routard.com/guide/code_dest/inde.htm
	http://fr.wikipedia.org/wiki/Pondichery
	www.pondichery.com/french/histoire
	http://pondichery.ambafrance-in.org
	www.cinefil.com/film/pondichery-der nier-comptoir-des-indes
	www2.ac-toulouse.fr/lyc-francais-pondichery
Aimé Césaire par sa fille	http://fr.wikipedia.org/wiki/Aime_Cesaire
	www.pierdelune.com/cesaire.htm
	www.youtube.com/watch?v=jr2xcY55ilI
Haïti Kenbe La!	www.etonnants-voyageurs.com/spip.php?arti cle6670
	www.ledevoir.com/culture/livres/298581/ une-berceuse-pour-haiti
	www.cyberpresse.ca/arts/livres/201010/15/ 01-4332671-rodney-saint-eloi-lespoir-est-u n-metier.php
	www.fabula.org/actualites/chantier-d-ecri ture-annie-heminway-et-rodney-saint-e loi-dir_14740.php
Dany Laferrière	www.telerama.fr/livre/dany-laferriere-prix-me dicis,49165.php
	http://bibliobs.nouvelobs.com/documents/ 20110330.OBS0521/haiti-12-janvier-2010 .html
	http://fr.wikipedia.org/wiki/Dany_Laferriere
	www.africultures.com/php/index.php?nav=arti cle&no=6735
	www.evene.fr/livres/actualite/dany-laferriere-to ut-bouge-autour-de-moi-seisme-haiti-inter view-3030.php
Boulevard des Mots-dits	www.blogs.mediapart.fr/edition/boulevard-de s-mots-dits
	www.blogs.mediapart.fr/edition/boulevard-de s-mots-dits/article/190110/mots-entrecroises

La tourmente de la langue
française

www.haiti-culture.com/Franketienne.html
http://videos.arte.tv/fr/videos/une_vision_inter
   view_de_franketienne_5_8_-3322128.html
www.telerama.fr/idees/franketienne-et-les-bo
   as-de-port-au-prince,54077.php#xtor=RSS-28
www.etonnants-voyageurs.com/spip.php?pa
   ge=inviteshaiti&id_article=2304

French terms on the Internet

As you navigate the Internet in French, you will encounter many cognates and loan words from English. Listed below are the most common French terms with their English equivalents.

Finding your way around

s'abonner	to subscribe
l'accès gratuit	free access
accueil	home page/welcome
adresse mail	e-mail address
agrandir l'image	make the image bigger
aide	help
ajouter mon site	add my site
assistance	help, assistance
barrière de sécurité	firewall
câble	cable
chaînes	links
chargement	loading
chargeur	charger
chat	chat
classé par catégories	by category
clavier	keyboard
cliquez ici	click here
communiquer	to communicate
compresser	to compress, zip
contactez-nous	contact us
courriel	e-mail
courrier électronique	e-mail
les dépêches d'actualité	headline news
disponible à l'achat	available upon purchase
disque dur	hard disk
domaine	domain
dossier	file
échange de fichiers	exchange of files
écouteurs	headphones
écran	screen
enregistrement de noms de domaine	registration of domain names
espaces de discussion	discussion area
exploration	exploration

forums	forums
fournisseur d'accès	Internet Service Provider
gérer votre compte	to manage your account
groupes d'utilisateurs	user groups
groupes de discussion	discussion groups
guide des sites	guide to Web sites
haut-parleurs	loudspeakers
imprimante	printer
internaute	Internet user
Internet	Internet network, Internet
jouer	play
liens	links
logiciel	software
mise à jour	update
messagerie instantanée	instant messaging
mise à jour	update
moteur de recherche généraliste	general search engine
mots clés	keywords
navigateur web	Web navigator
le nombre de résultats souhaités	anticipated number of results
nouveautés	new
nouveaux sites	new sites
pages perso	personal pages
pages web	web pages
par thématique	by theme
plan du site	site map
portail	portal
pourriel (Québec)	spam
recherche	search
recherche avancée	advanced search
recherchez dans l'annuaire	directory search
retour	previous
s'abonner	to subscribe
séance	session
sécurité	security
sélectionnez une autre journée	select another day
serveur	server
services gratuits	free services
shareware	shareware
site de la semaine	site of the week
site officiel	official site
souris	mouse
suite	next
suite de l'article	continuation of article
tchatche	chat
téléchargement	electronic download
télécharger	to download
testez-vous	test yourself

toile	World Wide Web
tous droits réservés	all rights reserved
trouvez	find
va chercher	go find
validez	validate
voir	see
vos remarques	your remarks
webmail	Web mail
zoom sur	zoom

Categories

Acheter	Buy
Activités	Activities
Actualités	Today's news
L'actu en images	Today's news in pictures
Ados	Teens
Agenda	Agenda
Animaux	Animals
Annonces	Announcements
Annuaires	Directories
Art	Art
Automobiles	Cars
Bases de données	Databases
Bien-être	Well-being
Blagues	Jokes
Bourse	Market
Business	Business
Cartes	Cards/maps
Cinéma	Movies
Commerce	Commerce
Convertisseur Euro	Euro conversion
Culture	Culture
Divertissement	Leisure
Économie	Economy
Emploi	Jobs
Enchères	Auctions
Enseignement	Education
Érotique	Erotic
Événements	Events
Famille	Family
Femmes	Women
Finances	Finances
Formation	Training
France	France
Gouvernement	Government
Hébergement	Lodging
Hommes	Men
Horoscope chinois	Chinese horoscope

Horoscope occidental	Western horoscope
Humour	Humor
Immobilier	Real estate
Informations	Information
Info trafic	Traffic information
Infos	Information
Insolite	Strange
Internet	Internet
Itinéraires	Itineraries
Jeux	Games
Logiciels	Software
Loisirs	Leisure
Météo	Weather
Mobiles	On location
Monde	World
MP3	MP3
Multimédia	Multimedia
Musique	Music
Pages jaunes	Yellow Pages
People	People
Pour elles	For women
Programme TV	TV program
Référence	Reference
Rencontres	Personals
Santé	Health
Sciences humaines	Humanities
Sciences	Science
Services administratifs	Administrative services
Société	Society
Sondage	Survey
Sport	Sports
Technologies	Technology
Tendance	Trends
Tous les savoirs	Knowledge
Vie quotidien	Day-to-day living
Voyages	Travel

Shopping

Alimentation	Nutrition
Art ménager	Household
Assurances	Insurance
Beauté	Beauty
Billets d'avion	Airline tickets
Bourses en ligne	Online stocks
Bricolage	Crafts
Cadeaux	Gifts
Commande	Ordering
Conditions de vente	Sales conditions
Décoration	Decorating

Électroménager	Appliances
Enchères	Auctions
Gastronomie	Gourmet
High tech	High tech
Image et son	Sights and sounds
Informatique	Computer science
Livraison	Delivery
Livre, CD, DVD	Book, CD, DVD
Loisirs-sorties	Going out, Entertainment
Maison-jardin	Home and garden
Mode	Fashion
Occasions	Special occasions
Ordinateurs	Computers
Paiement	Payment
PC portables	Laptops
Vacances	Holidays
Vie pratique	Useful
Vin	Wine
Votre panier	Your shopping cart

Newspapers and magazines

The following French newspapers and magazines are available in print form outside France.

Daily newspapers

Le Figaro	www.lefigaro.fr
Le Monde	www.lemonde.fr
Le Parisien	www.leparisien.fr
Libération	www.liberation.fr
L'Humanité	http://humanite.fr
20 minutes	www.20minutes.fr
La Voix du Nord	www.lavoixdunord.fr
Ouest-France	www.ouest-france.fr

Weekly newspapers

Le Point	www.lepoint.fr
L'Express	www.lexpress.fr
Courrier international	www.courrierinternational.com
Le nouvel Observateur	http://tempsreel.nouvelobs.com
Télérama	www.telerama.fr
Paris Match	www.parismatch.com

Information websites

Rue 89	www.rue89.com
Le Post	www.lepost.fr
Pickanews	www.pickanews.com/qespresspub/usr/FRA/jsp/PRESS Welcome.jsp
Euronews	http://fr.euronews.net
Jeune Afrique	www.jeuneafrique.com

Special interest websites

L'Internaute	www.linternaute.com
Ça m'intéresse	www.caminteresse.fr
Site littéraire du nouvel Observateur	http://bibliobs.nouvelobs.com
Gala	www.gala.fr
Apple	www.apple.com/fr/retail/onetoone
Femme actuelle	www.femmeactuelle.fr
Elle	www.elle.fr
Historia	www.historiatv.com
Lire	www.lexpress.fr/culture/livre
Enfants	www.enfant.com
Adolescents	www.ados.fr

TV stations

TF1	www.tf1.fr
France Télévision	www.francetelevisions.fr
France 24	www.france24.com/fr
Euronews	http://fr.euronews.net/infos/en-direct
La cinquième (educational TV channel)	www.curiosphere.tv
Arte (chaîne franco-allemande)	www.arte.tv/fr
Canal +	www.canalplus.fr
TV replay	www.tv-replay.fr
Tahiti	www.tahiti.tv
Radio-Canada	www.radio-canada.ca/television
Ouest-TV (chaîne régionale ouest africaine)	www.ouest.tv

Radio stations

Radio Télévision Caraïbes	www.radiotelevisioncaraibes.com
Radio Polynésie	http://polynesie.la1ere.fr
Radio Métropole (Haïti)	www.metropolehaiti.com
Radio France	www.radiofrance.fr
France Bleu	http://sites.radiofrance.fr/chaines/france-bleu
France Culture	www.franceculture.com
Radio France International	www.rfi.fr
Radio Grenouille (Marseille)	www.radiogrenouille.com

Books

Cette bibliographie présente quelques titres de romans et contes accessibles après quatre semestres de français. Avec un bon dictionnaire, vous pouvez découvrir ces textes classiques et contemporains, d'auteurs français et francophones.

Pour des versions allégées de textes français vous pouvez également consulter les ouvrages de la collection « Français facile » dans le Centre d'Auto-Apprentissage, souvent avec annotations et vocabulaires.

Camus, Albert (1913–1960). *L'Étranger.* Paris : Gallimard, 1942.

Meursault mène à Alger une vie indifférente. Lorsque se croyant menacé, il tue un Arabe sur une plage déserte, son existence plonge dans le drame.

Accablé par l'apparente insensibilité dont il fait preuve, il est condamné à la peine capitale. Il prend alors conscience de l'absurdité de la vie.

Chateaubriand, François René (1768–1848). *Atala. René. Les aventures du dernier abencérage.* Paris : Gallimard, 1978.

En Louisiane, un vieil Indien, Chactas, raconte sa vie à René, un jeune Français qui souhaite vivre parmi les Indiens. Recueilli et élevé par un Espagnol, le jeune Chactas est fait prisonnier par les ennemis de sa tribu ; une Indienne de religion chrétienne, Atala, le sauve et s'enfuit avec lui. Mais Atala, qui craint de ne pouvoir rester fidèle à son vœu, s'empoisonne.

Chedid, Andrée (1920–2011). *L'Enfant multiple.* Paris : Flammarion, 1989.

Une enfance heureuse interrompue par la guerre. Devenu orphelin, Omar-Jo connaît l'exil à Paris.

Constant, Benjamin (1767–1830). *Adolphe.* Paris : Garnier, 1945.

Ce roman autobiographique est une transposition de la liaison tumultueuse de l'auteur avec Madame de Staël. Terrifié par les exigences de la passion, il décidera de rompre et assistera impuissant à la dégradation de son amante.

Duras, Marguerite (1914–1996). *Moderato cantabile.* Paris : Éditions de Minuit, 1958.

Une ville de province, une leçon de piano, un enfant obstiné, une mère aimante. Un cri soudain vient révéler sous la retenue de cette vie tranquille une tension qui va croissant dans le silence jusqu'au paroxysme final.

Ernaux, Annie (1940–). *Passion simple.* Paris : Gallimard, 1991.

Le journal intime tenu par l'auteur au cours d'une liaison amoureuse. « À partir du mois de septembre... je n'ai rien fait d'autre qu'attendre un homme : qu'il me téléphone ou qu'il vienne chez moi.... »

Goscinny, Sempé (1932–1977). *Le Petit Nicolas.* Paris : Gallimard, 1973.

Conte pour enfants et pour adultes, cette suite de récits satiriques est d'une lecture délectable. Sempé met en scène un jeune garçon commentant sur un ton anodin les péripéties de son existence quotidienne.

Hugo, Victor (1802–1885). *Le Dernier Jour d'un condamné.* Paris : Seuil.

L'auteur cherche à mobiliser l'opinion contre la peine de mort. Un condamné à mort récapitule l'annonce du verdict, sa vie en prison, quelques aspects de son passé. Il ne se présente pas en stoïcien, mais en révolté.

Le Clézio, Jean-Marie (1940–). *Mondo et autres histoires.* Paris : Gallimard, 1978.

Ces contes nous parlent du rêve. Les personnages nous fascinent par leur volonté tranquille dans un univers où l'espoir se meurt.

Maupassant, Guy de (1850–1893). *Pierre et Jean.* Paris : S.L.

Parti d'un fait réel, ce roman qui se situe sur le fond social de la petite bourgeoisie du Havre s'inscrit dans la lignée des romans documentaires chers aux naturalistes. Maupassant invente une famille normande dont les deux fils sont l'un, Jean, le descendant naturel d'un ami riche de la famille, et l'autre, Pierre, le fils légitime sans fortune.

Mauriac, François (1885–1970). *Le Mystère Frontenac*. Paris : Gallimard, 1979.

> Blanche Frontenac est veuve, mais elle est surtout une mère sublime vouée à l'éducation de ses trois enfants. Rien ne semble-t-il, ne pourrait menacer les liens qui unissent cette famille que nous allons voir vivre au gré des événements.

Mérimée, Prosper (1803–1870). *La Vénus d'Ille*. Paris : Larousse.

> Le narrateur, un archéologue parisien, est accueilli en province par un antiquaire amoureux d'une statue de Vénus découverte sur ses terres. Alors qu'il ne souhaitait que satisfaire sa passion pour l'archéologie, le narrateur se trouve, malgré lui, plongé au cœur du drame.

Pagnol, Marcel (1895–1974). *La Gloire de mon père*. Paris : Éditions de Fallois, 1990.

> Marcel Pagnol évoque son enfance en Provence. Avec le temps les êtres qui ont peuplé son enfance se sont transformés en personnages.

Robbe-Grillet, Alain (1922–2008). *Djinn : un trou rouge entre les pavés disjoints*. Paris : Éditions de Minuit, 1981–1985.

> Ouvrage destiné à être sous forme de fiction, une initiation progressive aux difficultés de la langue française. Un récit prenant où les événements recoupent la réalité.

Rousseau, Jean-Jacques (1712–1778). *Les Rêveries du promeneur solitaire*. Paris : Garnier.

> À la fin de sa vie, Rousseau évoque sa vie une dernière fois. Au rythme de la marche la rêverie prend le caractère d'une libre causerie où les vagabondages de l'esprit alternent avec des méditations plus soutenues.

Sagan, Françoise (1935–2004). *Aimez-vous Brahms ?* Paris : Julliard.

> Le portrait d'une femme de presque quarante ans, tourmentée par un désir de bonheur, inquiète et hésitante au seuil d'une nouvelle liaison.

Saint-Exupéry, Antoine de (1900–1944). *Vol de nuit*. Paris : Gallimard, 1931.

> Ce récit qui évoque les premiers temps de l'aviation sur longue distance est intéressant par sa valeur documentaire. Il pose le problème du chef et des valeurs au nom desquelles celui-ci peut disposer des hommes, il défend une conception héroïque de l'homme et de l'action.

Vercors (1902–1991). *Le Silence de la mer*. Paris : Éditions de Minuit.

> Une famille française s'oppose par le silence à l'officier allemand qu'elle est obligée de loger. Dans le silence se crée une relation qui dépasse le cadre des haines circonstancielles et laisse entrevoir un message d'espoir.

Voltaire (1694–1778). *Candide ou l'optimisme*. Paris : Magnard.

> Chassé de Wesphalie, Candide commence avec Panglos et Martin une immense odyssée qui le conduit en Amérique du Sud, puis en Europe et en Turquie. Au terme de leur tour du monde, les personnages oscillent entre le sentiment de l'inquiétude et celui de l'ennui.

Answer key

Embrasse-moi

Les petits mots d'amour

A 1. faussement 2. activement 3. rapidement 4. difficilement 5. couramment
6. technologiquement 7. scrupuleusement 8. efficacement 9. intelligemment
10. follement

L'horoscope

B 1. emotion 2. no 3. yes 4. no 5. yes

C 1. No, she has a tooth problem. 2. Yes, she can consider new ventures.
3. No, she seems very energetic. 4. Yes, passion is just around the corner.
5. This is normal for the season.

D 1. sa 2. leur 3. ton 4. ses 5. notre 6. ma 7. son 8. tes 9. vos 10. tes

Les petites annonces classées

E *Answers will vary.* F. (32), Normandie ch. H. (40 max.) célibataire, sportif, préf.
scorpion.

F 1. Homme, 31 ans, grand, mince, cherche une femme cultivée (25–30 ans)
pour sorties, vacances et relations durables. Répondre au journal. 2. Femme,
38 ans, passionnée de montagne et de musique cherche un homme (35–45 ans),
sportif, ingénieur de préférence, pour mariage. Inclure une photo. Répondre au
journal.

L'amour éternel

G « cette journée », « les choses que tu me fais admirer », « ta petite main
blanche », « toi, mon bien aimé »

H 1. une femme grande 2. une fille amusante 3. une collègue intelligente
4. une directrice gentille 5. une actrice brillante 6. une vieille chanteuse
7. une ancienne patronne 8. une étudiante sérieuse 9. une fille ingrate
10. une rédactrice méticuleuse

La vie romantique

I triste, heureux, moindre, seule, sûre, possible, consternée

J 1. frozen, décongelé, thawed 2. sewed on, décousu, unstitched 3. corked,
débouché, uncorked 4. screwed, dévissé, unscrewed 5. loaded, déchargé, unloaded
6. made up, démaquillé, removed make-up from 7. wrinkled, défroissé, smoothed
out 8. fastened, desserré, unfastened 9. organized, déstructuré, jumbled

K 1. n'a pas congelé 2. n'a pas cousu 3. n'a pas bouché 4. n'a pas vissé
5. n'a pas chargé 6. n'a pas maquillé 7. n'a pas froissé 8. n'a pas serré
9. n'a pas structuré

L'amour au théâtre

L 1. with the Marquise 2. No, he wants to write her a love note. 3. no
4. No, he will return tomorrow. 5. He is politely impressed.

L'amour et les chats

M 1. Il a eu une vie malheureuse. 2. Leur malchance est notoire. 3. Son régime est malsain. 4. Il y a une odeur malodorante dans la salle. 5. C'est un homme malhonnête.

L'amour et le chocolat

N 1. faux 2. vrai 3. vrai 4. faux 5. vrai

O 1. intimidable 2. cassable 3. abordable 4. reconnaissable 5. défendable 6. lavable 7. respectable 8. croyable 9. estimable 10. excusable

P 1. adjective, unhappy 2. adverb, always 3. adverb, passionately 4. adjective, hasty 5. adjective, ungrateful 6. adverb, slowly 7. adjective, patient 8. adverb, much 9. adverb, almost 10. adjective, each

Écris-moi

Les notes

A 1. Contacter le client de Mme Levalier. 2. Ne pas ouvrir le dossier confidentiel. 3. Photocopier les brochures américaines. 4. Vérifier les documents avant vendredi. 5. Ne pas envoyer les brochures à tous les employés.

B *Answers will vary.* 1. remplir la bouteille d'eau 2. vérifier les piles de la torche électrique 3. emprunter le sac à dos de Daniel 4. laisser un pense-bête du trajet 5. trouver le parapluie

C 1. a comic strip festival 2. No, he is looking for a volunteer position. 3. to wish Julie a happy birthday 4. They will visit the town and go shopping. 5. Astérix and Peanuts

D *Conjunctions*: mais, si; *adverbs*: en effet, c'est pourquoi, cependant, pourtant

E *Answers will vary.* 1. J'adore Paris. Je m'amuse beaucoup loin du bureau. 2. Je fais le tour de l'Australie à bicyclette. Le vin est délicieux. 3. Je suis au Maroc. Je mange du couscous. 4. Je suis en Angleterre où il fait froid. Dites à Minou que je serai bientôt de retour. 5. Marc, je t'aime toujours. Tu me manques.

F 1. because she is marrying a charming young man 2. yes 3. the name of the store with the bridal registry 4. They will be in China. 5. They would be happy if their own daughter decided to get married.

Échanges entre voisins

G 1. because her neighbor is too noisy 2. He lives in the apartment right above Mrs. Delpêche's. 3. She threatens to call the authorities. 4. There is to be no noise after 10 P.M. 5. He could be heavily fined.

H 1. Nous sommes heureux de vous informer... 2. Nous sommes ravis de faire votre connaissance. 3. Nous serons heureux de nous joindre à vous. 4. Félicitations et meilleurs vœux. 5. Je vous prie d'accepter mes excuses.

Correspondance administrative

I 1. The past participle *blessée* is feminine. 2. a pothole 3. She was on her way to work. 4. Her motorbike was damaged, and she wants to be reimbursed for the repair. 5. Yes, the mechanic gave her an estimate.

Lettre de cachet

J 1. twenty years 2. He sells fruit. 3. drinking and debauchery 4. She wants to have her husband locked away in a hospital. 5. yes, definitely

Lettres historiques

K 1. c 2. e 3. b 4. a

Runes

L 1. c 2. a 3. e 4. d 5. b

Haïkus

M *Here is an example:*

Fleurs éparpillées
Une femme assise sur la tombe
Proust, revenez-nous

Nourris-moi

La panoplie du chef

A 1. Il a pris un grand bol et a mélangé le foie et les oignons. 2. Elle a coupé le pain sur la planche. 3. Elle a versé du lait dans une grande casserole. 4. Le chef a mis de grosses moules dans une poêle. 5. Avez-vous un tire-bouchon ?

Recettes

B 1. No, either cold or slightly warm. 2. When you insert the blade of a knife, it must come out clean and dry. 3. 100 grams 4. They are arranged in the shape of a rosette. 5. 45 minutes

C vanillé, vanilla-flavored; propre, clean; sèche, dry; tiède, lukewarm; froid, cold

D 1. Parmesan 2. yes, veal 3. Paris mushrooms 4. parsley 5. gnocchi, macaroni

E 1. Servir frais./Servez frais. 2. Ajouter du sel./Ajoutez du sel. 3. Éplucher les poires./Épluchez les poires. 4. Mélanger tous les ingrédients./Mélangez tous les ingrédients. 5. Remuer avec une cuillère en bois./Remuez avec une cuillère en bois.

F 1. feast/party 2. sponge 3. isle/island 4. student 5. hospital 6. strange 7. to spell 8. forest 9. spouse 10. establishment

Les critiques culinaires

G 1. Pro-fil & Forme, Androuet, La Creposuk 2. Zanzibar, Bombay Café 3. La Maison Prunier, Le Bubbles 4. Androuet 5. Pro-fil & Forme

Cuisine et littérature

H 1. Lunch had been an hour earlier. 2. to enable Françoise to go to the market 3. yes 4. no 5. early endives

Les manières de table

I se tenir droit; s'avachir; se balancer; se servir; se pencher; s'essuyer; se resservir

J les mains; les poignets; le coude; la bouche; le bras; les oreilles

Le lunch au Local

K 1. No, it's not a very spicy recipe. 2. Chanterelle mushrooms are required for this recipe. 3. Chef Pariseau uses unsalted butter. 4. One needs 100 ml of flour. 5. Yes, there is some boudin noir.

L 1. Et si on faisait une mousse au beurre d'arachide ? 2. Et si on préparait une pizza au thon ? 3. Et si on suivait un cours de cuisine cet été ? 4. Et si on inventait une recette ? 5. Et si on épluchait les légumes ?

Des livres beaux à croquer

M 1. Qui a commencé ce festival ? 2. Quand ce festival a-t-il lieu ? 3. Pourquoi les fondatrices ont-elles choisi cette date ? 4. Qui peut participer à cet événement ? 5. Mange-t-on les livres ou sont-ils utilisés comme décoration ?

N 1. b 2. e 3. d 4. a 5. c

Chante, chante

À la claire fontaine

A 1. d 2. i 3. h 4. e 5. c 6. b 7. g 8. j 9. f 10. h

B claire, clear; belle, beautiful; haute, high; gai, happy; douce, gentle

Le temps des cerises

C 1. future, we will sing 2. conditional, they would have 3. future, he will whistle 4. present participle, dreaming 5. present, one picks 6. present, you are afraid 7. imperative, avoid 8. present, you have nothing to fear 9. imperfect, they were picking 10. pluperfect, you had arrived

D 1. fera 2. j'aurai 3. séjourneront 4. sera 5. seront

Les roses blanches

E 1. He wanted to bring some flowers to his mother, who was in the hospital. 2. She was so moved that she gave him the roses. 3. Paris 4. His mother had just died. 5. a nurse

F 1. holding 2. sitting down 3. remembering 4. mixing 5. serving 6. peeling 7. waiting 8. crying

Carmen

G un oiseau rebelle ; enfant de Bohême ; l'oiseau qu'on croyait surprendre

H 1. la pluie 2. morceaux de marbre rose 3. son parapluie 4. des lunettes de soleil 5. la fleur

Le chant grégorien

I 1. ballet devotee 2. heroin addict 3. mythomaniac/pathological liar 4. arsonist 5. monomaniac 6. drug addict 7. megalomaniac 8. kleptomaniac 9. cocaine addict 10. chocolate addict

L'Olympia

J 1. The Ministry of Culture declared the Olympia a national landmark. 2. 2000 3. It could have been demolished to redevelop the area. 4. Mistinguett and Maurice Chevalier 5. 28, boulevard des Capucines, Paris

K couloir, corridor; salle, hall/room; mur, wall; fauteuil, seat; plafond, ceiling

Le Musée de la Musique

L 1. No, it is in La Villette, northeast of Paris. 2. One can study music there, and many events are free. 3. Christian de Portzamparc 4. 900 5. piano, piano; orgue, organ; clavecin, harpsichord; luth, lute; flûte, flute; musette, accordion; violon, violin; guitare, guitar; cuivres, brass instruments; percussions, percussion instruments; clavier, keyboard

Promène-moi

La France des musées

A 1. approximately 70 million 2. François Mitterrand 3. retired miners
4. L'Hôtel Salé 5. cave paintings

B 1. He visited the Louvre six months ago. 2. Patrick stayed in the gallery for one
hour. 3. Beaubourg featured the Matisse exhibit eight years ago. 4. He has been
living in Paris for ten years. 5. They have been going to the Orsay Museum every
Thursday for five years.

C 1. Chantal et Émile font du miel depuis dix ans. 2. Le musée de la Mode
et du Textile a été fermé pour travaux pendant quelques années. 3. Elle porte des
robes en soie noire depuis des années. 4. Ils ont acheté des autruches la semaine
dernière. 5. Zola a vécu à Médan de nombreuses années.

Le musée du quai Branly

D 1. met tout sous clé 2. met de l'argent de côté 3. se mettre au régime
4. mette à la porte 5. Mets-les à la poubelle 6. mettre à l'abri 7. se mettre debout
8. mettre la table 9. te mettre en colère 10. ont mis les petits plats dans les grands

E 1. Christian s'est mis à notre disposition pendant le week-end. 2. Enlève
tes chaussures! Mets-toi à l'aise! 3. Mets la table avant que tes cousins arrivent.
4. Léa a mis à jour l'information qu'elle nous a donnée le mois dernier.
5. Marco, tu dois y mettre du tien si tu veux réussir.

F 1. La maison de Patrick est mal conçue. 2. Fabrice ne conçoit pas qu'il soit
mis à la porte avant la fin de la semaine. 3. Roland ne conçoit pas qu'il n'y ait
pas de médecin dans ce village au Congo. 4. Ils conçoivent le conflit de Marie.
5. La Pyramide du Louvre a été conçue par l'architecte I. M. Pei.

Les musées ruraux

G 1. in 1845 2. high school students 3. Main à la pâte 4. up to one kilo a day,
since it was the main dietary staple 5. about 20 minutes

H 1. N 2. N 3. N 4. P 5. D 6. P 7. P 8. N 9. P 10. D 11. D 12. P

I 1. in Gascogne 2. in a *ruche* 3. gingerbread, honey lozenges, nougats, mead,
mead vinegar, honey spread, wax foundation, candles, and furniture polish
4. antiques

J 1. perçu 2. recueilli 3. cueilli 4. ramassé 5. butinent

K 1. ostrich meat in steaks, slabs, and sausages, as well as sautéed, chopped,
and cooked in sauce 2. on weekends and holidays from April to September
3. They run. 4. It is the only ostrich farm in the area.

Les musées urbains

L 1. lectures and guided tours 2. Its documentation center and scientific library
contain 30,000 works. 3. for the restoration of collection pieces 4. the sensory
exploration of various kinds of fabric 5. art books, silks and prints, and
reproductions of old documents

M 1. coton 2. soie 3. cuir 4. laine 5. tissu-éponge

N 1. They have no heads. 2. le Louvre 3. in January 1997 4. yes 5. the display
windows

O 1. to whiten 2. to cool down 3. to turn red/to blush 4. to turn green
5. to cool/to chill 6. to lengthen 7. to widen 8. to flatten 9. to get old
10. to warm up/to reheat

Les maisons d'artistes

P 1. 120 houses, no 2. in Guernesey 3. Juliette Drouet 4. to escape his creditors 5. in Charente-Maritime 6. because of the success of his novel *L'Assommoir*

Q 1. Alfred de Musset s'y était habitué. 2. George Sand y demeurait. 3. Balzac s'y intéressait. 4. Peu d'écrivains y ont échappé. 5. Zola y acheta une maison.

R 1. No, it shows art in all categories. 2. in the village of Montmartre 3. yes 4. lectures and concerts 5. an actor in Molière's theater troupe

Le Paris des jardins

S 1. It has a vineyard. 2. Le Père-Lachaise 3. convivialité (friendliness) 4. in the Luxembourg garden 5. vegetables

T 1. refaire, to do again/to redo 2. redire, to say again/to repeat 3. reboucher, to recork/to put the cap back on 4. recomposer, to reconstruct/to reconstitute 5. reconstruire, to rebuild 6. reconvertir, to redevelop/to adapt 7. recommencer, to start again/to start over 8. relancer, to relaunch/to throw back or again 9. revendre, to sell again after purchase/to sell retail 10. revoir, to see again/ to review

Emmène-moi au bout du monde

Un voyage d'affaires

A 1. Le Pont des soupirs 2. 80 rooms 3. Yes, because it has an exercise room. 4. leather 5. only two steps away

L'Orient-Express

B 1. They hunted wolves to survive. 2. They were advised to carry a gun for protection. 3. blue and gold 4. Georges Nagelmackers 5. the opening of the Simplon tunnel

C 1. phone call 2. lightning strike 3. clap of thunder 4. sunburn 5. dramatic turn of events 6. overthrow of the government 7. finishing stroke 8. clean sweep 9. helping hand 10. glance 11. kick 12. quick brushing (hair) 13. hammer blow 14. media coup 15. setup (trickery) 16. head butt 17. brainstorm 18. stroke of luck 19. stroke of luck 20. stroke of luck

D 1. d 2. a 3. e 4. b 5. c

Un tour en montgolfière

E 1. Le vent imprime une trajectoire..., aucun ne s'imprime. 2. sentir des odeurs 3. entendre des bruits 4. voir un paysage 5. éprouver la fadeur du monde

F 1. Ils font visiter l'entreprise. 2. Elle fait réparer l'appareil. 3. Nous nous faisons couper les cheveux. 4. Vous faites gonfler le ballon. 5. Elle fait écrire la lettre.

Paris bohème

G 1. the painters' and photographers' favorite model 2. la mère l'Oie de Montparnasse 3. the construction of a north-south subway line 4. around 1900 5. to flee Prohibition

H 1. Cet écrivain américain est plus connu que cet écrivain chinois. 2. Ce livre-ci est aussi scandaleux que ce livre-là. 3. La génération actuelle est moins optimiste que la précédente. 4. Gertrude Stein est moins lue que Simone de Beauvoir. 5. La plupart des écrivains sont aussi fauchés que les peintres.

Théodore Monod

I 1. on camelback 2. no 3. la Sorbonne 4. the desert 5. 98

Alexandra David-Néel

J   1. on foot 2. reaching Lhassa, the Forbidden City 3. No, he supported her morally and financially. 4. No, she always felt the same thrill—« le même frisson ». 5. Mouchy

Femmes au-delà des mers

K   1. Comment 2. Dans quelle mesure 3. Qui 4. Combien 5. Quel

L   1. Sandrine was born in the Marquesas Islands. 2. She flies an Airbus A340. 3. She comes from a modest background. 4. The objective of *Femmes au-delà des mers* is to create a network to transmit knowledge and skills from the French ultramarine departments and territories. 5. She has been an airline pilot for seven years. 6. Her husband influenced her to enter this profession. 7. She left the island at the age of 8 to go to school. 8. Yes, she had no doubt that she would go far. 9. She has two children. 10. She was elected in her town to work on the development of communication.

M   1. b 2. e 3. d 4. a 5. c

Fais-moi explorer

Lecture numérique

A   1. The owners of St. Martin's Press are very happy this year, because their sales went from 6% to 20%. 2. The Harry Potter books have encouraged young people to read. 3. They are not cheap, but prices have gone down and you can read classics in the public domain for free. 4. Yes, parents are in favor of e-books, because children are reading more. 5. Schools' reading rooms are now packed with students who are reading quietly.

B   1. Quel est l'effet des ebooks sur les enfants autistes ? 2. Qu'est-ce qui dérange un enfant autiste dans une salle de classe normale ? 3. Est-ce que les enfants autistes lisent plus avec les ebooks ? 4. Pourquoi est-ce que le contrôle du volume est si important ? 5. D'un point de vue financier, pourquoi les ebooks sont-ils si désirables ?

Les inventions

C   1. in 1783 2. No, they were in the paper business. 3. Ardèche 4. Joseph held his sweater above the fire, and it began to balloon. 5. a sheep, a rooster, and a dog

D   1. in Caen 2. Prefect of the Seine region 3. He permitted women to become interns in hospitals. 4. He ordered landlords to provide garbage cans for their tenants. 5. yes

E   1. black box (aviation) 2. post office box 3. voice mailbox 4. mailbox 5. glove compartment 6. shoe box 7. toolbox 8. suggestion box 9. (tin) can 10. box of matches 11. box of chocolates 12. nightclub 13. gearbox (transmission) 14. paint box

F   1. de chocolats 2. à outils 3. noire 4. à lettres 5. vocale

G   1. No, he became blind at the age of 3. 2. with one of his father's tools 3. schoolteacher 4. an army officer 5. a device that allows a person to read and write in the dark

H   1. d 2. c 3. b 4. e 5. a

L'euro

I   1. It has a raised pattern. 2. no 3. No, they also contain nickel. 4. eight coins 5. They are different in color, size, weight, and thickness.

J 1. grâce à 2. à cause de 3. grâce à 4. grâce au 5. à cause du 6. à cause de
7. à cause de 8. grâce à 9. à cause de 10. grâce à

Les vitraux

K 1. silicone and resin 2. No, he has clients in the United States and in Europe.
3. fusion 4. la Sainte-Chapelle 5. The saint was carrying his head under his arm
before his execution.

L 1. b 2. c 3. a 4. e 5. d

M 1. viennoise 2. londonienne 3. madrilène 4. romaine 5. strasbourgeoise

N 1. brésilien 2. péruvien 3. marocain 4. hollandais 5. belge

Marie Curie, une pionnière du prix Nobel au Panthéon

O 1. in Warsaw, Poland 2. in Paris 3. She was the first woman installed in the
Pantheon in her own right. 4. radium 5. No, her daughter, Irène, did.

Médecins Sans Frontières

P 1. in 1971 2. no 3. No, all disciplines are represented (among others, surgeons,
midwives, anesthesiologists, and psychiatrists). 4. They organize emergency
services, care for the wounded, build shelters, etc. 5. Yes, they report atrocities and
violations of international conventions to authorities and to the public at large.

Adolphe Sax

Q 1. He made wind instruments. 2. a new system with 24 keys 3. in 1842
4. He did not get the recognition he expected there. 5. He claimed that they had
copied his instruments.

R 1. motor 2. refrigerator 3. air conditioner 4. vacuum cleaner 5. fan
6. smoke detector 7. amplifier 8. pacemaker 9. moped 10. generator
11. vaporizer 12. transmitter

S 1. teacher/professor 2. director 3. inventor 4. composer 5. singer 6. dancer
7. caterer 8. tax collector

Explique-moi tous les symboles

Les symboles français

A 1. b 2. d 3. e 4. a 5. c

B 1. Christiane 2. Fabienne 3. Benjamine 4. Jacqueline 5. Jeanne

C 1. in 1792 2. Brigitte Bardot, Catherine Deneuve, and Laetitia Casta
3. the rooster 4. Je me souviens. 5. Liberté, Égalité, Fraternité

L'Académie française

D 1. le cardinal de Richelieu 2. in 1635 3. to standardize French language usage
and to keep it pure and comprehensible to all 4. in 2002 5. in 1694

E 1. to promote the French language all over the world 2. No, all kinds of
disciplines are represented: ethnologists, playwrights, politicians, etc. 3. about 80
4. No, they are elected for life. 5. when one of the *Immortels* dies

F 1. Elle ne se rend pas compte du talent de sa fille. 2. Ils ont rendu visite à leurs
cousins le week-end dernier. 3. As-tu rendu tous tes livres à la bibliothèque?
4. Prête-moi 100 euros, je te les rendrai demain. 5. Ce bruit la rendra folle.

Les discours

G 1. No, it is very enlightened and optimistic. 2. trains and steamboats 3. yes
4. No, the audience came from all over the world. 5. He envisioned a United States
of Europe in the near future.

H 1. (S)ubjunctive 2. (I)ndicative 3. (S)ubjunctive 4. (S)ubjunctive
5. (I)ndicative

Fais-moi découvrir la littérature contemporaine

Hommage au monde francophone

A 1. no 2. yes, especially in the computer and film industries 3. only 2.5% of
the vocabulary 4. There is no impact on the way of thinking, since the core of the
language (syntax and phonetics) remains largely untouched. 5. You can travel in
dozens of French-speaking countries around the world, enjoy their cultures, and
participate in their political and economic activities.

La théorie des nuages

B 1. Virginie's only passion before working for Akira Kumo was the English
language. 2. In her pocket is an envelope with money. 3. Before working for Akira
Kumo, Virginie had never thought about clouds. 4. The first thing she does when
she leaves the apartment is to raise her head and look at the clouds. 5. No, she is
not really interested in clouds, but she thinks maybe that will change.

C 1. C'est la plus grosse somme d'argent que Virginie ait de sa vie. 2. Akira
Kumo est l'homme le plus insolite que Virginie connaisse. 3. *Le Magazine littéraire*
est le seul magazine que Virginie lise régulièrement. 4. Le domaine des nuages est
le seul qui puisse fasciner Akira Kumo. 5. L'unique chose qu'Akira Kumo sache
de Virginie c'est qu'elle est sérieuse dans son travail.

D 1. Charlotte pense toujours à ses enfants qui vivent à Mayotte. 2. Amélie
pense changer de carrière. 3. Que penses-tu de la nouvelle réforme de l'Éducation ?
4. Tes parents ? Que pensent-ils de ta nouvelle copine ? 5. Je pense à toi nuit et
jour.

Pondichéry, à l'aurore

E 1. Dumas has a street that bears his name in Pondichéry. 2. No, Claire is
exploring Pondichéry on foot. 3. The French come to Pondichéry in the winter.
4. A canal divides the Indian town and the white town. 5. Claire is looking for
Gandhi Road, also known in Pondichéry as MG Road—Mahatma Gandhi Road!

F 1. Patrice et moi venons de planter des violettes et des tournesols dans notre
jardin. 2. Claire vient de trouver MG Road. 3. Quarante étudiants français
viennent d'arriver à Pondichéry pour étudier l'architecture locale. 4. Claire et le
jeune homme viennent de traverser le pont qui mène au Lycée français. 5. La ville
de Pondichéry vient de signer un nouveau contrat commercial avec la France.

Aimé Césaire par sa fille

G 1. She says that her father's plays are not performed often enough. The public
knew him more for his political writings. 2. She was 13 years old when she realized
she wanted to work in the theater world. 3. Michèle Césaire thinks the memorial
plaque at the Panthéon is appropriate, placed alongside Voltaire and Hugo. It is very
important for France today, where dialogue is needed to fight racism.
4. Aimé Césaire was deputy and mayor of Fort-de-France in Martinique.
5. The Grand Palais Museum is presenting an exhibition called "Aimé Césaire,
Lam et Picasso".

H 1. Bon nombre d'écrivains ont emprunté des idées à Aimé Césaire. 2. Quels livres as-tu empruntés à la bibliothèque? 3. Aimé a emprunté la rue Schoelcher pour se rendre à l'Assemblée nationale. 4. Nous avons emprunté de nombreux documents pour les expositions dédiées à Césaire. 5. Les metteurs en scène ont emprunté certaines pièces de théâtre de Césaire pour les adapter de différentes façons.

Haïti Kenbe La!

I 1. bimensuel 2. trimestrielle 3. quotidienne 4. annuelle 5. semestriel

J 1. The customs officer is surprised because he sees a lot of books in Mr. Saint-Éloi's suitcase. 2. The customs officer is looking at a book by Frankétienne. 3. He is carrying many books because Haitians in Haiti are craving books, and there is a great need of books there. 4. The customs officer cannot accept gifts. 5. His plan is to teach French in high school. 6. Haitians throw a few drops of their drinks on the ground to show respect and gratitude to the gods, the loas, the saints, and the spirits. 7. His great-grandmother used to live in the village of Chatry in Cavaillon. 8. Every night Grann Tida used to tell stories in Creole about boats, islands, and 1001 Haitian nights. 9. He used to dream of stars, sunny gardens, rainbows, and seas that were too blue. 10. Grann Tida repeated every night that the history of Haiti is made of a series of tremors—both earthquakes and human upheavals.

K 1. Un incendie de forêt a détruit toute une forêt du Var. 2. Deux jeunes hommes sont morts dans une avalanche près de Chamonix. 3. C'était un incendie criminel! 4. La canicule a duré deux mois. 5. Un tremblement de terre (OR un séisme) a dévasté Haïti le 12 janvier 2010.

Dany Laferrière

L 1. Les journalistes haïtiens étaient assis à écrire leurs articles. 2. Akiko était allongée près du cerisier à lire un roman de Dany Laferrière. 3. Le vieux sage était assis en tailleur à méditer. 4. Le jardinier était accroupi à planter des fleurs. 5. Le cameraman était adossé au mur à filmer les enfants chanter.

M 1. The first thing Dany Laferrière did right after the earthquake was to start writing. 2. Dany Laferrière lives in Montreal. 3. About 250,000 people died during the earthquake in Haiti. 4. Art in Haiti is an art of transformation. 5. The weather was warm and beautiful, and it was a starry night.

N 1. Ils ont déraciné beaucoup d'arbres. 2. Tout bougeait autour de moi. 3. Ils ont rompu après trois ans. 4. Des milliers de maisons se sont écroulées (OR effondrées). 5. Toutes les voitures étaient écrasées.

Boulevard des Mots-dit

O *Answers will vary.*

P *Answers will vary.*